KB210032

길 위의 세계사

길 위의 세계사

호모 사피엔스에서 우주인까지,
길 떠난 인류의 역사

조성은 지음

한겨레출판

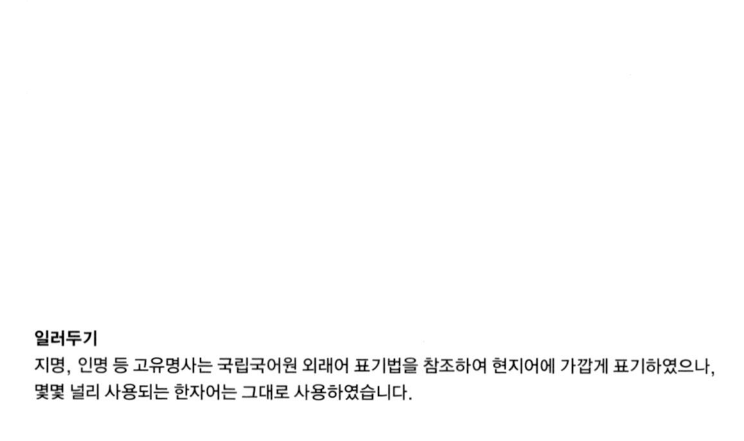

일러두기

지명, 인명 등 고유명사는 국립국어원 외래어 표기법을 참조하여 현지어에 가깝게 표기하였으나, 몇몇 널리 사용되는 한자어는 그대로 사용하였습니다.

길을 나선 사람들이 만든 세계사

모험 이야기 하면 신드바드지! 큰 바다를 일곱 번이나 항해했다는 바그다드 사람 신드바드 있잖아. 아라비아 반도에 있는 소하르 항구에서 출항하는 배를 타고 인도양으로 나아갔다지. 큰 바다 건너 저쪽에는 쓸모가 많아 비싸게 팔리는 후추가 널려 있고 세계 최고의 옷감이라는 비단도 있으니 바다만 건너면 부자가 될 수 있는 시절이어서 신드바드도 배를 타는 장사꾼이 되었어. 이만저만한 바다도 아니고 큰 바다였으니 항해는 순조롭지 않았대. 배는 파도에 휩쓸렸고 그는 섬처럼 큰 고래 등짝에 표류를 했다지. 다이아몬드 골짜기에 떨어지기도 하고 향신료 나무 우거진 섬에 던져지기도 하는 아찔한 모험과 항해를 마친 다음 신드바드는 바그다드 최고의 부자가 되었다지.

신드바드 이야기는 8세기 아라비아 반도가 배경이야. 세계 최고의 장사꾼이라는 아라비아 상인이 동쪽 세상과 서쪽 세상을 오가며 비즈니스를 한 결과, 아시아 끄트머리 신라 사람들이 아프리카 땅 알렉산드리아에서 만든 유리컵을 사용한 기적 같은 시절 8세기 말이야.

비단과 향신료와 유리그릇을 팔아 돈을 벌고 싶은 아라비아 사람들이 아시아와 유럽, 아프리카를 잇는 땅길과 바닷길을 만든 것이지.

이 책은 사람과 문물이 오가는 길 이야기야. 길을 나선 사람들이 지구 곳곳에 만든 길 이야기지. 누가 무슨 이유로 발걸음을 뗀 다음 어디로 걸어갔는지, 그래서 만들어진 길은 지금 어디쯤 있는지 보여주려고 해. 예를 들면 이런 식이야. 아시아 북쪽 초원에 살던 몽골 유목민은 필요한 물건을 구하려고 말을 달렸어. 그러다가 정복자가 되었고 아시아 대륙 곳곳과 유럽 구석구석을 연결하는 길을 만들었지. 또 기원전에는 중국과 로마를 잇는 길이 생겼는데 이 길은 비단을 들고 아시아와 유럽을 오간 상인들 덕분에 만들어졌어. 고운 비단옷을 입고 싶은 로마 사람들의 열망이 만든 길이라고도 할 수 있지. 그런가 하면 사방이 막힌 좁은 땅 유럽에 살던 사람들은 살길을 찾아 바다로 나갔는데, 그게 대항해 시대를 열었어. 그들은 지구의 모든 땅과 바다가 통하는 길을 만들었고 사람의 역사를 뒤집었지.

이 책에는 세계사를 만든 굵직한 길 아홉 개가 펼쳐져. 호모 사피엔스가 걸어간 길부터 생각으로 우주를 다녀오곤 했던 아인슈타인의 여행길까지 모두 아홉 개야. 어떤 길에는 땀 냄새가 배어 있고 어떤 길에서는 피비린내가 나지. 곧고 시원하게 뚫렸던 어떤 길은 지금 막혔고 어떤 길은 아직 만들어지고 있어. 길에 새겨진 풍경은 저마다 독특하지만 길 아닌 곳으로 가서 길을 낸 결과는 지금 우리가 사는 지구야. 길 위에서 펼쳐진 교류 덕분에 이쪽과 저쪽에 있는 사람과 문물이 서로 스며들고 뒤섞인 세상.

면직물을 사려고 인도에 도착한 영국 상인은 부자가 될 것만 같아 심장이 두근거렸겠지만, 전쟁터로 가는 십자군 병사는 두렵고 무서웠을 거야. 책을 읽으면서, 바다를 건너고 산맥을 넘고 사막을 지나는 사람의 표정이 떠오르면 좋겠어. 저기 저쪽이 궁금해서 발바닥이 근질거리고 엉덩이가 들썩인다면, 만약 그런 반응이 나타난다면, 얼른 세계지도를 펼쳐.

지은이 조성은

차례

1
호모 사피엔스,
생존을 위한
지구 한 바퀴

첫 번째 길은 정말 길어. 아프리카에서 출발해 아시아를 지나 아메리카로 건너가는 길인데, 가는 중간에 유럽과 오세아니아를 잠깐 들르니까 지구의 모든 대륙을 밟는 코스야. 그 유명한 지구 한 바퀴.

한 사람이 한 바퀴를 걸은 건 아니야. 20만 년 전쯤에 아프리카 땅에 모여 살던 호모 사피엔스가 6만 년 전쯤에 아시아 땅에 등장했고, 1만 년 전쯤에는 아메리카 대륙 남쪽 끝에 나타났으니까

호모 사피엔스가 걸어간 길

호모 사피엔스들이 19만 년 동안 꾸준히 걸어 지구 한 바퀴를 일주했다는 말이야. 1만 년 전쯤에는 지구의 모든 땅에 호모 사피엔스가 살고 있었다는 말이기도 하고.

우리가 구석기 시대라고 부르는 시절보다 훨씬 오래된 이야기야. 인류의 조상 호모 사피엔스가 산을 넘고 바다를 건너 지구 땅 곳곳에 정착한 이야기, 지금 시작할게.

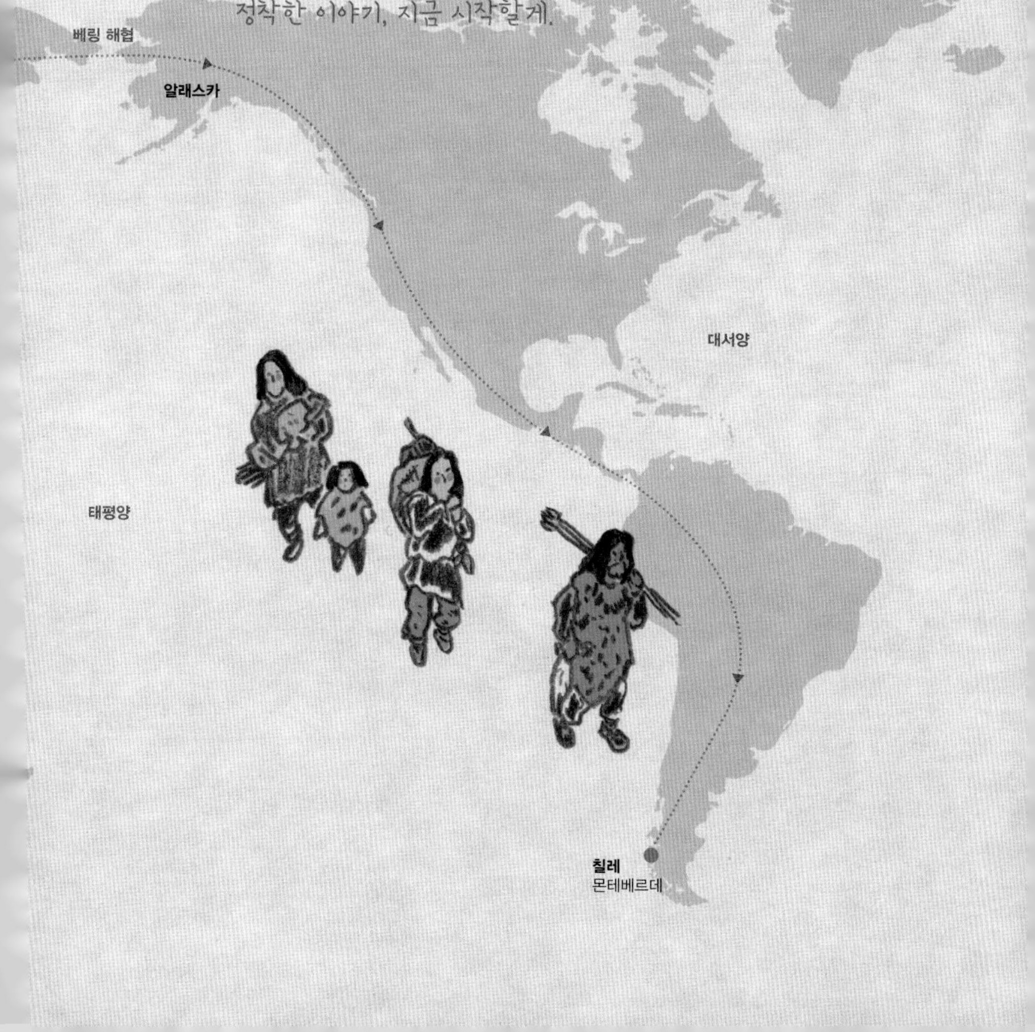

❶ 지구별 호모 계곡에서 시작한 여행

20만 년 전 지구에서 이야기는 시작돼. 1억 년 넘게 지구의 주인이었던 공룡은 멸종해서 사라진 지 오래고 지구를 하얀 얼음별로 만들었던 빙하기가 잠시 풀린 지구였지. 이 초록별 지구에 물이 넉넉하고 따뜻해서 나무와 풀이 잘 자라는 아프리카 땅이 있었어. 호모 사피엔스와 동물들은 이곳 초원에 흩어져 살았지. 이렇게 살아간 시간이 10만 년이 넘는다는데, 백 년쯤 살다가 지구를 떠나는 우리가 헤아리기에는 너무 긴 시간이야.

시간이 흐르고 흘러 호모 사피엔스들은 이제 초원 곳곳이 아니라 강과 계곡 근처에 모여 살고 있었어. 초원이 마르고 있었기 때문에 물고기와 조개 같은 먹을거리가 있는 물가가 살기 좋았던 것이지. 강과 계곡이 초원보다는 형편이 나았지만 오래지 않아 모두 바닥을 보이고 말았어. 사람과 동물의 힘으로는 어찌할 수 없는 가뭄이 아프리카 지역을 휩쓸고 있었던 거야.

모두가 굶주린 초원에서는 다른 선택이 없었어. 동물들과 사람들은 마른 땅을 버리기로 결심했고 용감한 동물들이 먼저 길을 나섰어. 호모 사피엔스는 친구이자 사냥감인 동물들의 뒤를 따랐는데 이때가 7만 년 전쯤이었대.

여기서 잠깐, 동물을 따라 길을 나선 호모 사피엔스의 정체를 확인할게. 프랑스 말인 '호모 사피엔스'라는 학명을 우리말로 옮기면 생각하는 사람이야. 20만 년 전에 생겨난 이들은 머리를 쓴다는 특징을 가져서 이런 이름을 갖게 되었지. 그리고 지금 지구에 사는 우리의 학명도 호모 사피엔스. 아프리카에 살던 그들보다 똑똑하고 예쁘고 훤칠할지 모르지만 우리는 20만 년 전의 그들과 똑같은 호모 사피엔스야.

우리와 그들이 같은 학명을 쓰는 이유는 유전자 정보가 똑같기 때문이야. 미토콘드리아라고 들어봤지? 유전 정보가 들어 있다는 세포말이야. 부모로부터 물려받는 것을 유전이라고 하는데 무엇을 받았는지 정보가 기록된 곳이 미토콘드리아 DNA야. 어머니의 유전자 정보만 나에게 전달된다고 해.

이게 중요한 게 아니고, 과학자들이 여러 대륙 여러 나라에 사는 다양한 사람들의 미토콘드리아 DNA를 분석했는데 그 결과가 좀 놀라웠어. 우리 모두는, 그러니까 아프리카·아시아·유럽에 사는 지구 사람 모두는 20만 년 전에 에티오피아 땅 오모 계곡에 살았던 호모 사피엔스 여성과 유전자 정보가 같았던 거야. 상상하기도 힘든 시간을 거슬러 가면 너와 나의 어머니는 아프리카에 살았다는 이야기가 만들어지는 것이지.

어쨌거나, 오모 계곡 사람들은 코뿔소와 영양 무리를 따라 걸었어. 살기 위해서 마른 땅을 떠난 동물들이니까 물이 있는 곳에 먹을 것이 있다는 사실을 알았을 테고, 물이 넉넉한 땅이라면 초록이 넘실거릴 거라는 사실도 알았을 거야. 새로운 땅을 찾아 나선 무리는 일단 동쪽으로 걸었어. 아프리카 대륙의 동쪽 끝에는 바다가 있었지. 땅끝에 선 이들은 바다 건너편에 펼쳐진 초록 세상을 보았던 것 같아.

❷ 아라비아 반도에 도착한 사람들

바다를 건너야 마른 땅을 벗어날 수 있었던 동물과 사람들. 이들 앞에 아른거리는 초록 땅은 아라비아 반도였고 찰랑이는 바다는 홍해였어.

홍해는 좁아. 현재 아프리카 대륙에 있는 에티오피아와 아라비아 반도에 있는 예멘 사이의 바다 폭은 26킬로미터 정도밖에 되지 않지. 이렇게 좁은 바다가 7만 년 전쯤에는 그 폭이 딱 반이었대. 에티오피아 땅을 출발한 동물들과 사람들이 홍해 바다 13킬로미터만 건너면 아라비아 반도에 닿을 수 있었다는 말이지. 그리고 홍해는 익숙한 바다야. 모세라는 유대 사람이 3천 년 전쯤에 동족과 함께 건넜다는 바다가 홍해잖아.

그런데 7만 년 전에 홍해 바닷가에 도착한 동물들과 사람들이 어떻게 홍해를 건넜는지 알 도리가 없어. 걸어서 건넜는지 헤엄쳐 건넜는지 배를 타고 건넜는지 알 수 없다는 말이야. 망망한 바다 앞에서 좌

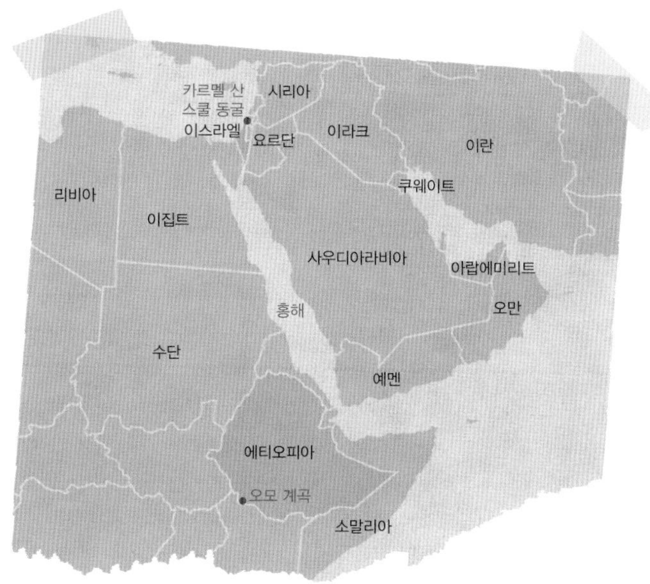

인류의 고향, 오모 계곡과 스쿨 동굴

절하고 터덜터덜 바닷가를 걷다가 삶의 끈을 놓기 직전에 아프리카와 아라비아 반도를 잇는 땅길을 발견했을지도 모르지만 역시 알 수 없는 일이지. 오모 계곡을 출발한 사람들 가운데 일부가 무사히 아라비아 반도에 도착했다는 사실만 확인할 수 있을 뿐이야.

증거가 남은 곳은 아라비아 반도에 있는 이스라엘 땅 카르멜 산이야. 이 산속에 스쿨 동굴이 있는데 여기에서 아주 오래전에 살았던 사람의 유골이 발굴되었거든. 얼마나 오래전 사람이냐면, 무려 7만 년 전쯤에 살았던 호모 사피엔스였지. 고고학 연구 결과 이 사람은 에티오피아의 오모 계곡에 살았던 사람과 유전자 정보가 똑같았어. 10만

아라비아 반도에 있는 카르멜 산(위)과 이 산의 스쿨 동굴에서 발견된 호모 사피엔스의 머리뼈 복원품(왼쪽).

년이 넘도록 아프리카에서만 살던 호모 사피엔스가 드디어 아시아 땅에 도착했다는 이야기를 전하는 아주 중요한 유골이었던 거야.

여기까지가 아라비아 반도에서 호모 사피엔스가 살게 된 내력이야. 새로운 땅에 대한 호기심과 도전 정신이 사람의 영역을 넓혔다기보다는 살아남겠다는 생존 본능이 사람을 움직였다고 할 수 있지. 그런데 동물들과 사람들을 땅끝으로 내몰았던 아프리카의 가뭄은 빙하기의 시작을 알리는 전주곡에 불과했대. 지구는 7만 년 전쯤에 다시 얼기 시작해서 1만 년 동안 얼음별 상태로 있었거든.

바닷물이 적시는 바닷가는 가장 나중에 얼고 가장 먼저 녹는 땅이잖아. 에티오피아에 살았던 우리의 조상은 바닷가에 도착해서 먹을 것이 있는 땅을 찾다가 아직 얼지 않은 아라비아 반도로 이동한 것으로 보여.

❸ 떠돌이 호모 사피엔스, 아시아 바닷가를 걷다

꽁꽁 언 시절에는 가만히 있는 게 최선이야. 움직이면 에너지가 없어지고 배가 고파지잖아. 배가 고픈데 먹을 게 없으면 움직이는 모든 걸 이상한 눈초리로 보게 되면서 다툼과 비극이 시작되지. 한두 해도 아니고 자그마치 1만 년이니까 꽁꽁 언 시절에 어떻게 움직이고 어떤 자세로 다른 생명체를 만나야 하는지 다들 알았을 거야. 아니, 지혜롭게 움직인 동물과 사람이 있었을 테고 이들이 얼음이 녹는 시절을 맞이했겠지. 드디어 봄날, 간빙기였어.

얼음 사이로 흐르는 물을 보면서 살아남은 이들은 저절로 알았던 걸까? 사람들은 물을 따라 걸었어. 아라비아 반도를 적시며 흐르는 티그리스 강과 유프라테스 강을 따라 걸었고 인도양 바닷가를 따라 쉬지 않고 걸었지. 그리하여 호모 사피엔스는 인도의 남동쪽 바닷가 타밀나두 지역에 새로운 보금자리를 마련했어. 뒤로는 울창한 숲이 펼쳐지고 앞으로는 바닷물이 출렁이는 따뜻한 땅에 자리를 잡은 거야.

선물처럼 찾아온 간빙기는 2만 년이 넘게 이어져서 따뜻한 초록별 지구를 만들었는데 이 시절에 우리의 조상 호모 사피엔스는 거침없이 움직인 것 같아. 인도에서 출발한 것으로 보이는 호모 사피엔스 한 무리가 그 다음에 도착한 곳은 보르네오 섬이었거든. 지도를 보면 알겠지만, 대륙에서 뚝 떨어져 있는 섬이고 인도에서도 정말 먼 곳이야. 현재는 인도네시아, 말레이시아, 브루나이 세 나라가 국경을 맞대고 있지.

보르네오 섬에는 수비스 산이 있는데, 이곳 니아 동굴에서 5만 년 전쯤에 살았던 호모 사피엔스의 머리뼈가 발견되었어. 말하자면 해골이지. 아직 사랑니가 나지 않은 젊은 사람의 머리뼈였는데, 유전자 정보를 분석했더니 아프리카 오모 계곡에서 살았던 사람과 똑같은 호모 사피엔스였어.

이쯤에서 질문이 없으면 이상하지. 인도에서 보르네오 섬까지 어떻게 갔느냐는 질문 말이야. 뾰족한 인도의 바닷가를 따라 가다가 오른쪽으로 방향을 틀어 걸으면 고구마처럼 길쭉한 땅 말레이 반도가 나오고 이 땅 오른쪽에 뚝 떨어진 섬 보르네오가 있으니까, 외딴 섬까지 도대체 어떻게 갔는지 궁금하던 참이었지? 뗏목을 만들어 타고 갔을까, 엄청난 수영 실력으로 바닷물을 갈랐을까 고민하고 있었지?

보르네오 섬에 있는 니아 동굴 유적(위)과 이 동굴에서 발견된 호모 사피엔스의 머리뼈(오른쪽).

그런데 말이야, 김이 빠질 수도 있지만 말야, 5만 년 전에 동남아시아 땅덩어리는 지금과 많이 달랐어. 까마득한 옛날에 보르네오 섬은 말레이 반도에 착 붙어 있었거든. 반도의 왼쪽에 있는 수마트라 섬도 반도에 딱 붙어 있었고 반도 아래쪽에 점처럼 흩어져 있는 많은 섬들도 모두 한덩어리로 뭉쳐 있었지. 이렇게 하나였던 땅덩어리가 어느 날 갑자기 쪼개진 걸까? 그건 아니야. 지금도 바닷속을 들여다보면 이 섬들은 말레이 반도와 붙어 있거든. 그래, 그거야. 바닷물이 늘어 해수면이 높아지면서 땅들이 물속에 잠긴 거야. 높은 땅 몇 곳만 남기고 모두 잠겨서 우리 눈에는 큰 섬 몇 개만 보이는 것이지.

5만 년 전에 동남아시아 해수면은 지금보다 40미터쯤 낮았다니까 섬과 섬 사이에서 찰랑이는 바닷물이 쫙 빠진 모습을 상상하면 될 거야. 지금의 인도 땅만큼 크고 뾰족한 땅덩어리가 하나 있었다고 상상하면 될 것 같아. 그래서 결론은, 걸어서 따뜻한 남쪽 바닷가에 도착했다는 이야기. 따뜻하고 촉촉한 시절에 아시아 바닷가를 떠돌아다닌 호모 사피엔스의 이야기는 계속 이어져.

④ 배를 타고 오세아니아로 간 호모 사피엔스

말레이 반도가 커다란 땅덩어리로 뭉쳐 있던 4만 년 전쯤에 동남아시아에 살던 호모 사피엔스 한 무리가 오세아니아 지역으로 갔어. 동남아시아와 오세아니아 사이는 인도양과 태평양이 만나는 곳이지. 사람들은 먼 바다를 건너서 오세아니아로 간 거야.

이번에도 여행 이야기를 전하는 건 역시 유골이야. 오스트레일리아의 동남쪽에 뭉고 호수가 있는데 이 호숫가에서 돌로 만든 도구와 화덕, 사람 뼈가 옹기종기 모여 있는 채로 발견되었거든. 유골을 분석한 결과 4만 년 전에 살았던 호모 사피엔스였고, 틀림없이 동남아시아에서 출발한 사람들이었대.

아시아 바닷가에 살던 사람들이 갑자기 왜, 무슨 사정이 있어서 동쪽 섬에 갔는지 그 이유는 몰라. 자꾸만 동쪽으로 날아가는 새들을 보면서 동쪽 세상이 궁금했는지, 빙하기도 아닌데 못 갈 곳이 어디 있느냐며 용감하게 길을 나섰는지, 사람을 통째로 집어삼키는 해일에 휩쓸려 우연히 도착했는지 알 수 없어.

모르는 건 이것만이 아니야. 어떻게 바다를 건넜는지도 아직 모르거든. 너른 바다 태평양에 견주면 고작 수백 킬로미터지만 이건 걷거나 뛰어넘을 수 있는 거리가 아니니까 고고학자들은 뭐라고 말하기 참 곤란했대. 구석기를 쓰던 시절인데, 4만 년 전인데, 어떻게 바다 수

오스트레일리아의 뭉고 호수 유적. 4만 년 전쯤에 동남아시아에서 출발한 호모 사피엔스가 이 호숫가에 도착해 생활했다. 지금은 호수의 물이 말라 모래 언덕뿐이다.

백 킬로미터를 건넜다는 말인가.

그런데, 아주 단순하게 상상한 사람들이 있었어. 우리 모두가 맨 먼저 떠올리는 방법 있지? 바다를 건너는 아주 쉽고 편한 방법, 배를 타고 건너기. 구석기 사람들도 배를 타고 태평양을 건넜을 거라고 짐작한 고고학자들이 있었어. 바닷가에 살았던 호모 사피엔스는 당연히 바다 전문가였다고 짐작한 거야. 이들은 짐작을 증명하기 위해서 실험을 했어. 4만 년 전에도 자랐고 지금도 동남아시아에서 자라는 대나무로 뗏목을 만들어서 바다를 건너는 실험이었지. 2009년에 실험고고학자들이 구석기 사람들을 상상하면서 아주 천천히 노를 저어 태평양을 건넜는데, 그 결과는? 당연히 성공이었어. 동남아시아 섬에서 출항한 뗏목은 10시간 25분 만에 오세아니아 해안에 닻을 내렸거든.

아시아에 살았던 호모 사피엔스는 참말로 먼 바다를 항해할 수 있는 능력이 있었을까? 상상이 솟구치지만, 어쨌든 이 사람들이 태평양 건너편에 있는 오세아니아에 도착해 불을 다루며 살았던 사실을 4만 년 전의 유골이 증명하고 있어.

⑤ 동굴 벽에 들소를 그린 호모 사피엔스

호모 사피엔스 한 무리가 태평양을 건너 오세아니아 지역으로 간 4만 년 전쯤에 유럽 땅으로 간 사람들이 있었어. 아라비아 반도에서 따뜻한 간빙기를 보내고 있던 이들이 길을 나선 것이지.

이유 없이 집을 옮기지는 않잖아. 식구가 늘거나 줄거나, 학교와 집 사이가 너무 멀거나, 산이나 바다 옆에서 살고 싶은 마음이 생겼거나 하는 이유가 있어야 집을 옮기잖아. 아라비아 반도에 살던 사람들도 그랬어. 4만 년 전쯤에, 그러니까 지구가 따뜻해진 지 2만 년쯤이 지났을 때 아라비아 반도 동쪽이 마르기 시작했대. 맞아, 가뭄이야. 나무와 땅에서 먹을 것을 얻고 강과 바다에서 식량을 구했던 사람들은 저절로 알았을 거야. 물이 넉넉하지 않으면 살아남기 힘들다는 걸 온몸으로 느끼면서 주섬주섬 짐을 챙겼겠지.

아라비아 반도 서쪽 끝은 지중해가 적시는 땅이야. 바닷가를 따라 올라가다가 서쪽으로 방향을 틀면 역시 지중해 바닷가인 아나톨리아 반도 남쪽이 나오고 바닷가를 계속 따라가면 에게 해가 적시는 반도 서쪽을 지나게 되는데 바다가 끝나는 곳에서 서쪽으로 방향을 잡으면 지금의 유럽 대륙에 접어드는 거야. 아시아 땅에서 출발한 사람들이 이런 여정을 거쳐 유럽 땅에 도착했는지, 산을 넘고 길을 잃는 모험 끝에 유럽 땅에 도착했는지는 정확히 알 수 없어. 분명한 것은 이렇게 길을 나섰던 호모 사피엔스 가운데 한 무리가 지금의 프랑스 남서쪽에 있는 크로마뇽 동굴에 보금자리를 마련했다는 사실이야.

이 지역 사람들 말로 '큰 구멍'이라는 뜻을 가진 크로마뇽 동굴에서 사람이 살았다는 이야기를 전하는 건 역시나 머리뼈를 비롯한 여러 점의 유골이었는데 탄소연대측정법으로 분석한 결과 4만 년 전에 살았던 호모 사피엔스였어. 아시아 땅 아라비아 반도에서 출발한 사람들이 유럽 대륙에 도착했다는 이야기를 전하는 유골이었던 것이지.

그런데 말이야, 크로마뇽 동굴에서 살았던 이들은 호모 사피엔스

프랑스 도르도뉴 지방의 베제르 계곡에는 크로마뇽인이 그린 동굴 벽화가 남아 있는데, 그중 대표적인 유적지가 라스코 동굴이다.

가 분명하지만 아시아 지역에 살았던 호모 사피엔스와 모습이 좀 달랐대. 남겨진 뼛조각에 살과 근육을 붙이는 복원 과정을 거쳤더니 180센티미터쯤 되는 큰 키에 긴 다리를 가진 남자가 등장한 거야. 두개골을 복원했더니 이마가 툭 튀어나온 얼굴형이었고 말이야. 그래 맞아, 지금의 유럽 사람과 비슷한 모습을 한 구석기 사람이 크로마뇽 동굴을 비롯한 지금의 프랑스 땅에서 살았다는 증거였어.

고고학자들은 크로마뇽 동굴의 호모 사피엔스에게 크로마뇽인이라는 이름을 붙여 주었어. 모든 인류의 조상인 아프리카의 호모 사피엔스보다 크고 아시아에 살았던 호모 사피엔스보다 큰 키 덕분에 이들은 이름을 하나 더 갖게 된 거야.

유럽에 도착한 호모 사피엔스인 크로마뇽인은 여러 흔적을 남긴 것으로 유명해. 크로마뇽 동굴과 라스코 동굴, 쇼베 동굴과 알타미라 동굴에 너무 사실적이어서 환상적인 들소와 말 그림을 그린 예술가들이 바로 크로마뇽인이야. 매머드의 뼈를 조각해서 사자인간 조각상을 만든 것도 이들이지. 누가 봐도 이들은 빼어난 솜씨를 가진 예술가였지.

그런데 말이야, 유럽보다 먼저 사람이 살기 시작한 아프리카와 아시아 지역에서는 왜 이렇게 멋진 작품이 발견되지 않을까? 너무 오래되었기 때문에 사라졌을 거라고 짐작해. 원래 그렇잖아. 가장 최근의 기록이 가장 또렷하잖아.

인류의 구석기 시대라고 불리는 4만 년 전쯤에 뛰어난 예술가이자 사냥꾼이며 '큰 구멍'에 살았던 호모 사피엔스는 아시아 땅에서 출발해 유럽 땅에 도착한 사람이라는 이야기였어.

⑥ 호모 사피엔스, 베링육교를 걸어 아메리카 대륙으로 가다

눈치 챘겠지만 이제 딱 한 대륙 남았어. 아프리카에서 출발한 호모 사피엔스가 도착하지 않은 지구의 유일한 땅 아메리카 대륙으로 건너갈 시간이야.

출발지는 아시아 대륙 북쪽 끝 땅인 시베리아. 간빙기 지구에서도 유난히 추운 이곳에 추위에 단련된 호모 사피엔스가 살고 있었어. 칼바람을 피하기 위해서 얼굴은 평평했고 습기가 앉지 않도록 눈은 외꺼풀이었으며 공기 흡입 통로가 짧아야 하니까 코는 낮고 평평한 사람들이었지. 그리고 눈 속을 헤치며 걷거나 눈 속에서 사냥해야 하니까 몸의 중심이 자연스럽게 낮아져서 이들은 다리가 짧았어. 이런 모습 익숙하지?

시간은 훌쩍 뛰어 2만 년 전쯤이었어. 칼날 같은 추위라는 말로도 부족한 강력한 추위가 닥쳤지. 얼어붙은 시베리아에서 삶을 이어가던 호모 사피엔스마저 견디지 못할 추위, 빙하기가 시작되고 있었던 거야. 아시아 동북쪽 끝에 살던 사람들은 순록과 영양과 매머드를 앞세우고, 아니 먼저 길을 나선 동물들을 좇아서 동쪽으로 걸어갔어. 그렇게 걷다가 모조리 태평양 바다에 빠진 건 아니고, 대륙을 건넜어.

지금 아시아 동북쪽 끝은 태평양에 닿아 있으니까 걸을 수 없는 땅 맞아. 북극의 얼음판이 둥둥 떠다니는 베링 해협이 시베리아 동쪽 끝에 있고 해협 건너편에는 아메리카 대륙의 서쪽 끝 땅인 알래스카가 있으니까 계속 걸으면 바다에 빠지거나 얼음 바다를 헤엄치거나 둘 중 하나여야 하지. 그런데, 2만 년 전쯤에 그들은 걸었어. 아시아 대륙 동쪽 끝 시베리아는 아메리카 대륙 서쪽 끝 알래스카와 이어진 땅이었거든. 지금의 베링 해협은 베링육교라고 불리는 땅이자 길이었지. 위쪽의 북극해와 아래쪽의 태평양 물이 모두 적시는 땅 베링육교가

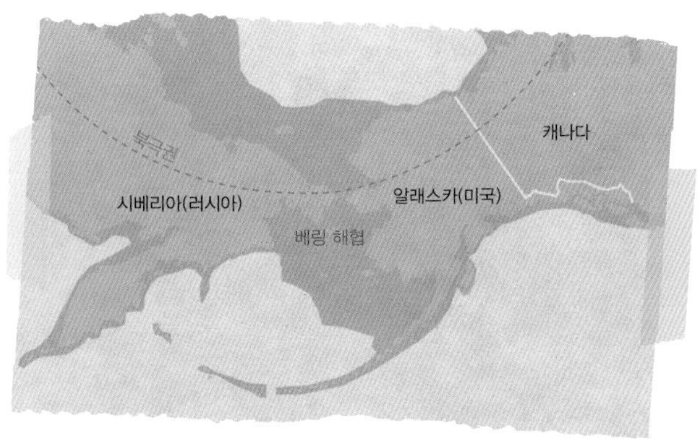

아시아와 아메리카 대륙을 연결했던 베링육교

과거 베링육교를 이루고 있었으나 현재는 바다인 곳

있던 2만 년 전쯤에 호모 사피엔스가 길을 나선 거야.

추위에서 살아남기 위해 아시아 땅을 떠난 호모 사피엔스는 베링 육교에서 빙하기 한복판을 통과했어. 이 땅에 웅크린 채 봄날을 기다렸는데, 이들은 운이 좋은 편이었어. 빙하기가 아주 짧았거든. 1만

매머드가 살았던 1만 년 전의 몬테베르데를 상상해 묘사한 그림. 베링육교를 건너 온 호모 사피엔스가 남아메리카의 원주민이 되었다.

5,000년 전부터 물이 흘렀고 초원이 만들어지기 시작했어. 이때 시작된 간빙기는 지금까지 이어지고 있으니까 우리는 1만 7,000년째 계속되는 간빙기 지구를 통과하는 중이지.

베링육교를 건넌 호모 사피엔스는 이렇게 아메리카 대륙에 도착했어. 간빙기는 뭐니 뭐니 해도 떠돌아다니기 좋은 시절이야. 북쪽 끝 알래스카에서 다시 출발한 호모 사피엔스는 따뜻한 땅을 찾아 거침없이 길을 걸어 대륙의 남쪽 끝에 다다랐어. 지금의 남아메리카 대륙에 있는 칠레의 몬테베르데에 이들이 도착한 기록이 있어.

몬테베르데에 도착한 사람들은 모래와 자갈, 나무뿌리 따위를 섞어서 벽돌을 만든 다음 이것을 쌓아 올려 집을 지었는데 이때 지은 집의 흔적이 지금까지 남아서 1만 2,500년 전 이 땅에 살았던 호모 사피엔스의 이야기를 전하고 있어. 남아메리카의 고원 곳곳과 남쪽 끝에 사는 사람들의 유전자 분석 결과를 봐도 이들은 아시아 북쪽에서 출발한 호모 사피엔스의 후손이 틀림없었지. 시베리아에서 베링육교를 거쳐 알래스카에 도착한 사람들의 미토콘드리아 DNA와 남아메리카 사람들의 유전자 정보가 똑같다는 연구 결과가 계속 발표되고 있거든.

그리하여 낮은 코와 짧은 다리를 가진 사람들이 아메리카 대륙 곳곳에 터전을 마련하면서 젊은 땅의 주인이 되었어. 이들은 시베리아에서 출발한 호모 사피엔스였지. 시베리아에 도착한 이들은 남아시아에서 길을 떠난 이들이었고, 남아시아에 도착한 호모 사피엔스는 아라비아 반도에서 출발해 인도를 거쳐 온 이들이었어. 아라비아 반도와 인도에 도착한 호모 사피엔스는 7만 년 전쯤에 에티오피아에서 출발한 호모 사피엔스였는데 이들은 20만 년 전부터 아프리카 동쪽 땅에 흩어져 살던 호모 사피엔스의 한 무리였지.

45억 년 전에 생겨난 지구에 20만 년 전쯤에 등장해서 길을 걷고 또 떠났던 호모 사피엔스는 이렇게 지구 한 바퀴를 돌았고 지구 구석구석에서 살아가게 되었다는 이야기야.

2 강철로 만든 히타이트의 길

이번 길은 아나톨리아 고원에서 출발해. 여기가 어디냐면, 아시아 대륙과 유럽 대륙이 갈라지는 땅인데 아프리카의 이집트에서 출발하면 찾기 쉬워. 이집트 동북쪽 땅끝에서 계속 올라가면 지금의 팔레스타인 지역이 나오고 위에 있는 시리아를 지나 서쪽으로 가면 널찍한 반도를 만나는데 여기가 아나톨리아야. 지중해와 에게 해, 흑해 바다와 닿아 있어서 반도라고 불리는 땅.

평원과 고원이 끝없이 이어진 널찍한 땅 아나톨리아에 히타이트 왕국이 들어선 때는 기원전 1700년 무렵이었어. 낯선 숫자를 보면 겁부터 나겠지만, 숫자가 있는 자리에 단군 할아버지와 고조선을 놓으면 딱 맞아. 우리 역사의 첫 국가 고조선이 활동하던 그 시절에 히타이트 사람들은 아나톨리아 땅에서 강력한 나라를 꾸렸거든.

이때는 청동기 시대야. 구석기와 신석기 시대를 보내고 난 다음에 찾아온 시절. 넉넉해진 살림이 사람을 움직였는지, 사람은 원래 그런 존재인지 정복과 전쟁의 나날이 이어지고 나라가 만들어지는 시절이었어.

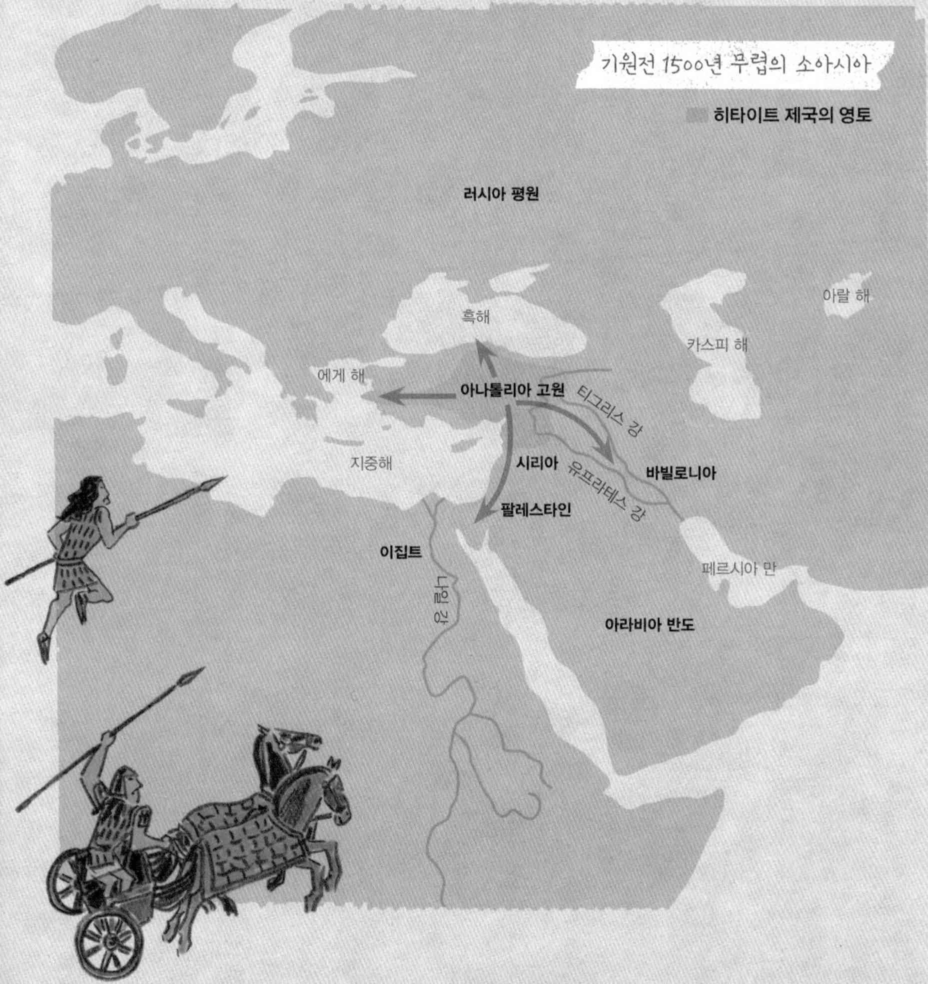

기원전 1500년 무렵의 소아시아

히타이트 제국의 영토

러시아 평원
아랄 해
흑해
카스피 해
에게 해
아나톨리아 고원
티그리스 강
지중해
시리아
유프라테스 강
바빌로니아
팔레스타인
이집트
나일 강
페르시아 만
아라비아 반도

① 하티 나라를 정복한 유목민

아나톨리아 반도와 유라시아 대륙 사이에는 커다란 호수 같은 바다 흑해가 흐르고 있어. 두 땅을 적신 흑해는 아나톨리아 반도가 유라시아 대륙과 이어지는 좁은 물길을 지나 에게 해와 만나고 이 물은 다시 지중해가 되어 흐르지. 흑해를 사이에 두고 아나톨리아와 마주보는 땅 러시아 평원에 한 무리의 유목민이 살고 있었어.

이들은 너른 풀밭에 이동식 집을 펼치고 말과 양을 기르는 유목민 무리 가운데 하나였는데 유난히 말을 잘 다루는 사람들이었어. 야생말을 길들여서 이동 수단으로 삼은 것은 오래전 일이었고 기원전 2500년 무렵에는 길들인 말을 훈련시켜 수레를 끌도록 했지. 말이 끄는 이들의 수레는 무거운 짐을 싣고 빠른 속도로 중앙아시아 평원을 내달렸어.

새로운 풀밭을 찾지 못하면 동물도 사람도 생활이 어려우니까 유목민에게 이동과 이사는 삶의 전부와도 같은 일상이야. 이들은 말이 끄는 수레를 타고 움직였으니까 먼 곳에 있는 풀밭도 거뜬하게 찾을 수 있었겠지. 그리고 이들의 말은 생존 수단이기도 했을 거야. 가물어서 건조한 날이 이어지기라도 하면 풀과 물을 찾아 하염없이 달려야 하는데 이 일은 말이 있어야 가능하거든.

기원전 2000년 무렵에 지구는 참 힘든 시간이었대. 날은 춥고 풀밭

은 말라서 유목민의 생존을 위협하는 나날이었거든. 러시아 평원을 옮겨 다니던 이들은 이 무렵에 익숙한 터전을 버리기로 결심한 것 같아. 살고 싶다는 간절한 마음이었겠지? 이들은 풀이 자라는 따뜻한 땅을 찾아 남쪽으로 말을 달리기 시작했어. 그리고 아나톨리아 고원에 도착했어. 얼마나 오랜 시간을 달렸는지는 알 수 없어. 유라시아 평원의 끄트머리에 도착한 것이 분명하고 흑해 바다 건너편 다른 세상에서 새 삶을 시작한 것이 분명해.

이들이 도착한 아나톨리아 고원에는 하티라는 나라가 있었어. 풀이 드문드문 자라는 너른 벌판에 자리잡은 도시국가였지. 하티 사람들은 농사를 지었고 필요한 물건을 만들어 썼으며 규율을 마련하여 짜임새 있는 공동체를 운영하는 정착민이었어. 어차피 유목민은 정착민이 가진 땅과 집과 경작지에는 관심이 없으니까 하티에서 조금 떨어진 지역에 집을 펼치고 가축을 풀어 놓았다면 아무런 문제가 없었을 거야. 아나톨리아는 참 너른 땅이니까 먹을 것을 찾아다니는 유목 생활과 먹을 것을 옆에 두고 사는 정착 생활 모두 가능했으리라는 말이지.

그런데 어찌 된 일인지 이방인은 정복자가 되고 말았어. 따뜻한 초원을 찾아 도착한 이방인들이 하티 사람들의 땅과 집과 경작지를 모두 차지해 버린 거야. 정복을 마친 이들은 삶의 방식도 확 바꾸었어. 하티 사람들처럼 농사를 짓고 필요한 물건을 만들어 쓰는 정착 생활을 시작한 거야. 유목 생활은 이제 끝이 났지.

왜 이런 일이 생겼는지 정확한 이유는 알 수 없어. 갈라지는 땅과 말라 가는 풀을 보면서 유목은 끝이라고 판단했는지, 먼 길을 달려온 피로감이 머물고 싶은 마음을 만들었는지, 정착민이 가진 수많은 물건을 보는 순간 없던 물욕이 일었는지, 생필품과 유제품을 맞바꾸자는 요구를 하티 사람들이 거절하여 홧김에 정복을 해 버렸는지 알 수 없어.

흑해 건너편에서 온 유목민 정복자들은 꼼꼼하게 자신의 역사를 새겼는데, 안타깝게도 아나톨리아에 정착하고 왕국을 세울 때까지의 기록이 아직 발견되지 않았어. 상상만 끝없이 이어지는 상황인데, 어쩌면 우리가 상상하는 이유 모두가 정답일 수 있어. 기원전 2000년 무렵 아나톨리아 고원에서는 나라의 주인이 바뀌는 큰 사건이 일어났다는 결론에 이른다면 모두 그럴듯한 풀이 과정이 되는 것이지.

❷ 정복자 히타이트

정복이라고 말하면 대충 떠오르는 장면들이 있어. 원주민의 집과 건물을 모조리 불태우거나, 원주민을 노예로 삼거나, 나라의 이름과 언어를 바꾸는 것 같은 장면 말이야. 보통, 이전 지배자의 흔적을 지우고 새로운 지배 세력의 힘을 과시하는 폭력이 정복이라는 말과 한

묶음처럼 뭉쳐 다녀.

그런데 하티 나라를 정복한 유목민은 보통의 정복자들과 좀 달랐던 것 같아. 하티의 아무것도 불태우지 않았으며 이전 지배자의 흔적이 짙게 밴 나라의 이름도 그대로 사용했거든. 참 너그럽고 부드러운 정복자였다고 할 수 있는데, 관용 정신의 정점은 '하티 나라 사람들'이라는 자기소개라고 할 수 있어. 이들은 훗날 자신들의 언어로 나라의 역사를 기록했는데 여기에서 자신의 무리를 하티 나라의 사람이라고 표현한 거야. 아나톨리아 반도에 도착하기 전에 사용한 부족 이름이 있었을 테지만 그걸 쓰지 않고 하티 사람이라고 적은 것이지.

왜 그랬는지 이유는 알 수 없어. 이미 만들어진 나라의 지배층으로 내려앉은 일에 만족했을까? 정착민의 문명을 누리면서 유목하던 시절을 잊고 싶었을까? 어찌 되었든 유목민 정복자들은 기원전 1700년 무렵에 하티 사람이 되었어.

하티 사람이라고 자기소개를 했고 오랜 시간 하티 왕국을 꾸렸지만 지금 우리는 이들을 히타이트라고 불러. 이들에게 히타이트라는 이름을 지어 준 작명가는 독일의 고고학자야.

때는 20세기 초반, 제1차 세계대전이 한창인 시절이었지. 독일의 군인과 고고학자들이 아나톨리아 반도 북쪽에 있는 도시 보가즈쾨이에서 발굴을 하고 있었어. 무너지고 불에 탄 건물과 성곽 자리가 폐허처럼 남은 도시 곳곳을 꼼꼼하게 살폈는데 한참 동안 땅속을 헤집던 사람들은 공책만 한 크기의 돌판을 하나 찾았어. 그들은 뿌옇게 앉은

히타이트 제국의 수도가 있던 터키의 보가즈쾨이. 왕궁과 신전을 비롯하여 히타이트 건축물의 흔적이 있는 이곳은 하투샤 유적지로 불리며 유네스코 지정 세계문화유산이다.

흙을 걷어 내고 그림인지 글자인지 모를 문자를 확인했어. 불에 구워져 돌처럼 단단해진 그것은 진흙판이었지. 그 유명한 점토판. 지금의 이란과 이라크가 있는 옛 메소포타미아 지역에서 발견되어 인류 최초의 문명이 아시아 지역에서 생겨났음을 알렸던 점토판.

몇 년 동안 폐허를 발굴한 사람들은 무너진 건물 아래서 점토판 2만여 점을 찾아냈어. 엄청나게 많은 이야기가 적힌 점토판들은 도서관인 듯한 장소에 차곡차곡 쌓인 모습 그대로 발견되었대.

이 점토판을 발견하고 폐허가 된 도시의 흔적을 찾은 고고학자들은 이곳 보가즈쾨이가 구약성서에 나오는 '헷 사람들(히타이트)의 나라'가 아닐까 생각했대. 점토판을 해독한 다음에 확실한 사실이 밝혀

보가즈쾨이의 하투샤 유적지에서 발굴된 히타이트 점토판. 히타이트 사람들은 진흙판에 제국의 역사를 새겼다.

지겠지만 느낌이 그랬다는 거야. 그래서 아나톨리아 북쪽에 살면서 점토판에 역사를 새긴 사람들은 이때부터 히타이트가 되었지.

훗날 체코의 고고학자가 점토판에 새겨진 글자를 해독하여 이들을 '하티'라고 확인했지만 이미 익숙하게 자리 잡은 히타이트라는 이름은 바뀌지 않았어. 그래서 우리는, 스스로를 하티 나라 사람이라고 소개한 이들을 히타이트라고 부르고, 이들이 꾸린 나라를 히타이트 왕국과 제국이라고 일컫는 거야.

❸ 사방으로 나아가 제국이 된 히타이트

유목민과 정착민이라는 말 사이에는 바다만큼이나 깊고 넓은 차이가 있어. 결정적으로 먹을 것을 찾아다니는 삶과 옆에 두고 사는 삶이라는 차이가 있는데, 여기에서 자연에 대한 태도가 갈려. 풀이 자라는 곳에 잠시 머물다 다른 풀밭을 찾아 길을 떠나는 유목민에게 땅은 말 그대로 자연이야. 사람에게 먹을 것과 쉴 곳을 주는 자연이자 사람이 잠시 빌려 쓰는 자연이지. 그런데 정착민에게 땅은 재산이야. 이들은 '내 땅'에 집과 창고를 짓고 밭을 일구고 농작물을 길러. 이렇게 가꾼 땅은 움직이지 않는 재산이어서 주인의 허락 없이는 함부로 들어올 수 없어.

히타이트 사람들은 유목민 시절에 정착민을 보고 학습이라도 한 듯이 하티의 주인이 되자마자 정착민다운 행동을 했어. 정복을 위해 길을 나섰거든. 확실하게 정착하기 위해서는 둘레의 모든 세력을 평정해야 한다고 여겼는지, 왕국을 운영하고 보니 넓은 땅과 많은 백성이 튼튼한 나라의 바탕이라고 생각했는지는 알 수 없어. 어쨌든 이들은 더 많은 땅과 사람, 물건을 차지하기 위해 어제도 오늘도 전장에 나가는 산악의 전사가 되었어.

초보 정착민이 다스리는 나라였지만 히타이트 왕국은 최강이었어. 왕국의 전사들이 달리는 수레에서 활을 쏘면 모두가 항복했지. 드넓은 땅에서 듬성듬성 무리를 이루며 살았던 아나톨리아 지역의 크고 작은 도시국가들은 히타이트의 지배를 받아들이면서 평화를 선택한 거야. 기원전 1500년 무렵 아나톨리아에는 히타이트 군대에 맞설 적수가 없어 보였어.

아나톨리아 고원의 귀퉁이에서 시작한 히타이트 왕국은 흑해와 닿은 고원의 북쪽 끝과 지중해와 닿은 남쪽 끝, 그리고 에게 해가 적시

히타이트 인들이 새긴 부조. 열두 신이 행진하는 모습을 새겼다.

는 서쪽 끝 땅을 모두 차지하면서 아나톨리아의 절대 강자가 되었어. 유목민 출신 지배자들은 자기 언어로 왕국의 역사를 점토판에 새겼는데 쉬지 않고 진행한 정복에 대해 이렇게 적었어.

"나라는 작았다. 그러나 어디로 출정하든 대왕의 강한 팔로 적국을 무찔렀다. 적국을 폐허로 만들고 그들을 무력화시켰다. 그들을 바다 끝으로 몰아냈다. 대왕이 출정에서 돌아올 때마다 아들 중 한 명이 나라를 맡아 그 나라로 떠났다." (텔리피누 왕의 칙령이 새겨진 점토판, 기원전 1500년 무렵)

싸우고 뺏고 넓히는 나날을 보내면서 히타이트 인들은 정착민다운 정복자가 되었을 거야. 그러면서 유목민 시절에 익힌 습관과 감성을 모두 잊었겠지. 지구의 청동기 시대라고 불리는 때에 나라는 이렇게 만들어지고 있었어.

④ 메이드 인 히타이트 강철

하티 나라와 히타이트 제국이 활동하기 훨씬 전부터 아나톨리아 고원에는 사람들이 모여 살았어. 고원 북쪽에서 대규모 집단이 거주했던 유적지가 발견되었는데 기원전 3000년 무렵에 사람들이 모여 산 흔적이었어. 돌로 도구를 만들어서 사냥하고 경작을 시작하던 신석기 시대에 사람들이 이 땅에 모여 살았다는 이야기를 전하는 유적이었지. 이곳은 지구에서 발견된 집터 가운데 가장 오래된 것이어서 인류 최초의 주거지로 불려.

히타이트 왕국 건설은, 오랜 역사를 자랑하는 땅에 이제 막 도착한 이방인이 새로운 주인이 된 일대 사건이었어. 정착 생활도 처음이었고 규모 있는 공동체를 꾸리는 것도 처음이었으니까 이들은 어설픈 정복자로 시작했겠지만 오래지 않아 아나톨리아 땅 전체를 다스리는 지배자가 되면서 제국을 완성하고 말지. 엊그제 전학 온 친구가 전교 회장

이 된 사건보다 훨씬 놀라운 일이라 할 수 있는데 이런 상황은 어떻게 만들어졌을까?

엄청나게 운이 좋았을 수도 있고, 말 다루는 기술 덕분일 수도 있어. 유목 생활로 단련된 체력 덕분일 수도 있고 말이야. 아마도 이 모든 조건이 강력한 제국을 만드는 밑받침이 되었겠지만, 역사학자들은 이들이 독점 소유했던 최첨단 기술이 정복의 비결 아니었을까 짐작해.

그들에겐 제철 기술이 있었어. 철광석을 뜨겁게 달궈 철을 뽑아낸 다음 모양을 만들고 쇠망치로 두드려서 강철을 만드는 기술. 기원전 1500년 무렵은 청동기 시대라는 사실을 잊지 않는 게 좋겠어. 청동으로 만든 물건을 몸에 지니면 권위가 서고 위엄이 돋는 시절이었지. 청동은 묵직하고 부드러운 광채를 지녀 지배자의 품격을 한 단계 높이는 금속이었지만 구리와 주석을 정교하게 배합해야 만들 수 있는 까다로운 금속이어서 너무 귀했어. 또한 청동은 강하지만 무거워서 실용적이지 않았어. 청동 칼을 들고는 싸울 수 없을 정도였지. 그래서 청동기를 쓰던 시절에도 무기와 농사 도구는 돌을 꼼꼼하게 갈고 다듬어서 만들었다고 해.

이런 때에 강철이 등장한 거야. 하늘에서 뚝 떨어진 건 아니고 굳이 말하면 땅에서 주웠다고 할 수 있지. 여기저기 굴러다니는 철광석 속에 철이 박혀 있거든. 뜨거운 불에 철광석을 넣으면 철이 액체 상태로 빠져나오는데 이걸 고체로 만든 다음 두드리고 또 두드리면 단단한 강철로 변신을 해. 산화과정이라고도 하지. 히타이트 인들은 이렇게 강

히타이트 인들이 사용한 수레바퀴와 무기를 보여 주는 부조.

철을 단련하여 수레바퀴도 만들었어. 청동기 시대인 기원전 1500년 무렵의 일이었지.

이 시절 지구에는 '메이드 인 히타이트'의 강철만이 존재했어. 이 치밀한 사람들은 강철 기술이 나라 밖으로 나가지 못하도록 꽁꽁 숨겼기 때문에 히타이트 사람들만 강철을 만들 수 있었던 거야.

⑤ 바빌로니아 정복 길

무적의 강철 무기 덕분이었을까? 제국을 완성한 히타이트 사람들은 아나톨리아 밖으로 과감하게 길을 나섰어. 때는 기원전 1531년이고 길을 나선 이유는 전쟁이었어.

히타이트 전사들은 아나톨리아 반도의 동북쪽 끄트머리에 있는 샘물 근처에서 출발했어. 이 물이 흘러가는 곳으로, 그러니까 강줄기를 따라 걷기로 마음먹었지. 아나톨리아에서 시작해서 아라비아 반도를 적시며 흘러가는 이 강의 이름은 유프라테스였고 강물이 적시는 땅의 이름은 메소포타미아였으며, 이곳은 '비옥한 초승달 지역'이라 불리는 풍요로운 땅의 일부였어. 그리고 이곳에 바빌로니아 제국이 있었지.

찬란한 역사와 최고의 문명을 자랑하는 바빌로니아에서 일은 아주 빠르게 진행되었어. 수도 바빌론에 도착한 히타이트 전사들은 몇 차례 전투를 치렀고 모조리 무너뜨렸어. 이 과정에서 신이 보내는 메시지를 듣는 신전이었던 지구라트도 무너졌는데 하늘 높이 솟은 이 건물은 바빌로니아의 문명과 기술을 과시하는 상징과도 같았지. 히타이트의 왕 하투실리가 이끄는 군대는 바빌로니아의 군대를 어렵지 않게 물리치고 풍요로운 제국을 완벽하게 정복한 거야.

히타이트는 바빌로니아를 물리치고 이 지역의 절대 강자로 떠올랐는데 이건 지구 최강이라는 증명이기도 했어. 아나톨리아 반도와 아프리카 북부 그리고 메소포타미아가 있는 비옥한 초승달 지역은 그 시절에 지구의 중심이 분명했기 때문이야. 사람이 가장 먼저 정착 생활을 시작한 땅도 이곳이고 문명이 먼저 꽃을 피운 곳도 여기여서 모두가 인정하는 지구의 중심이 분명했지.

잠시 샛길로 가면, 기원전 지구에서 가장 풍요롭고 화려한 이 땅

탑 모양 신전인 지구라트의 흔적은 메소포타미아 지역 곳곳에서 발견된다. 아래 사진은 이라크의 고대 도시 우르의 지구라트.

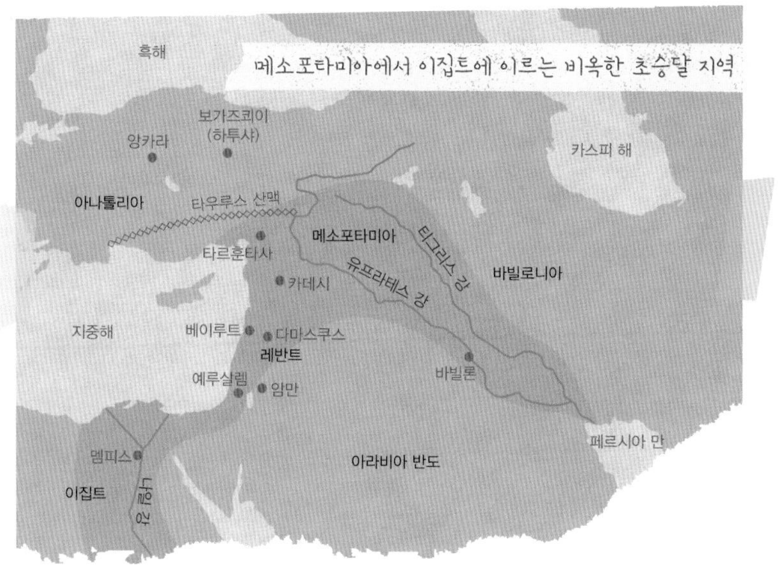

을 부르는 이름은 오리엔트야. 히타이트가 제국을 꾸리기 훨씬 전부터 이 이름으로 불렸는데, 오리엔트는 동쪽 세상이라는 뜻을 가진 그리스어지. 맞아, 그리스 사람들이 만든 말이고 그리스를 기준으로 동쪽에 있는 땅이어서 오리엔트가 된 거야. 그 시절 그 땅에 살던 사람들이 자기가 사는 곳을 뭐라고 불렀는지는 알 수 없지만 오리엔트라고 부르지 않은 건 정말 확실해. 하지만 너른 땅덩어리 셋을 묶어 부르는 다른 이름이 없으니 그냥 오리엔트라고 부르자고.

그리하여 정복자 히타이트는 사람과 보물을 빼고 모든 것을 불태우면서 찬란했던 바빌로니아 문명과 메소포타미아의 역사를 잿더미 속에 묻었대. 전쟁과 정복은 기원전 지구에서 늘 있는 일이었지만 정복한 땅을 통째로 불태우는 건 흔하지 않은 사건이었지. 그런데 더 놀라운 건 불을 지른 이유야. 그게 제사 의식이었다는 거야. 히타이트 사람들은 신이 불길과 연기를 좋아한다고 믿어서 신을 즐겁게 하려고 고대 문명 하나를 통째로 불태웠다고 해.

유프라테스 강을 건너서 온 히타이트의 전사들은 메소포타미아 남쪽을 깨끗하게 불태운 다음 무언가를 도모하는 것 같았지만 아무런 일도 하지 않고 다시 유프라테스 강을 건넜어. 바빌론을 삼킨 불씨가 채 꺼지기도 전에 급한 소식이 도착했거든. 히타이트 제국 안에서 반란이 일어났다는 소식이었어. 잇단 정복과 승리로 나라 안에는 물자가 넘쳤을 테니 욕심과 다툼은 당연한 일이었을 거야.

그래서 바빌로니아 정복이라는 역사적 사건의 결론은 좀 허무해. 정복 전쟁을 승리로 이끈 하투실리 왕은 암살당했고 비옥한 땅 메소포타미아는 한동안 주인 없는 폐허로 남았어.

⑥ 타우루스 산맥 너머 시리아로 가다

혼란은 수습되었고 강하고 부유한 제국에는 다시 평화가 찾아왔어. 그리고 제국의 전사들은 바빠졌지. 이들은 먼 길을 나서기 위해 주섬주섬 짐을 꾸렸는데 제국 사람들이 한 번도 발을 디딘 적이 없는 땅으로 떠날 예정이었어. 말이 끄는 수레를 타고 이들이 길을 나선 해는 기원전 1290년 무렵.

아나톨리아 북동쪽에 자리한 제국의 수도 하투샤, 그러니까 지금의 터키 보가즈쾨이를 출발한 산악의 전사들은 높은 산이 끊임없이 이어지는 산맥을 왼쪽에 두고 남쪽으로 말을 달렸어. 그러다가 지중해로 쑥 빠져나가는 산맥 앞에서 일단 멈추었지. 아나톨리아 남쪽을 뚝 가르는 듯한 타우루스 산맥을 따라 반도의 남쪽 끝까지 내려왔으니 이제 산맥만 넘으면 목적지였어.

절벽 같은 산을 타고 오른 다음 다시 절벽 아래를 넘어야 하는 험난한 길을 앞에 두고 히타이트의 전사들이 잠시 망설였는지 기운을 북돋았는지는 알 수 없어. 어쨌든 이들은 타우루스 산맥을 넘었어. 그리고 남쪽으로 계속 말을 달려 지금의 시리아 지역에 도착했지. 목적지는 바로 여기였어. 타우루스 산맥 너머에 있으며 서쪽으로는 지중해가 적시고 동쪽으로는 유프라테스 강이 지나는 풍요롭고 비옥한 땅인 지금의 시리아 지역.

온갖 고생을 하며 목적지에 도착했지만 아직 끝나지 않았어. 시리아 땅에는 이 시절 메소포타미아의 주인이었던 아시리아 제국의 영향을 받는 도시국가들이 있었거든. 히타이트의 전사들이 시리아 땅에서 활보하기 위해서는 전쟁을 피할 수 없었는데, 이건 길을 나설 때부터 예정된 일이기도 했지.

터키 남부지역에 길게 뻗어 있는 타우르스 산맥. 험난한 산 바로 밑에는 비옥한 평야 지대가 펼쳐져 있다.

엄청나게 먼 길을 달려온 히타이트의 전사들은 전투를 치렀고 결국 승리했어. 타우루스 산맥 너머의 땅은 이제 히타이트 제국이 되었어. 산맥 넘고 국경 넘어 전쟁을 치르는 숨 돌릴 틈 없는 일정을 마치고 한숨 돌리는가 싶었지만 아직은 일렀어. 길을 나설 때부터 예정되었던 일 하나가 아직 마무리되지 않았거든. 하루 이틀 생각하고 결정한 일이 아니었을 테고 며칠 만에 뚝딱 해치울 수 있는 일도 아니었지만 서둘러야 하는 일이 분명했지. 바로 수도 이전이었어.

새로운 수도로 결정된 곳은 타르훈타사. 이곳이 정확히 어딘지는 알 수 없는데, 타우루스 산맥 끄트머리에 있는 도시이자 아나톨리아와 시리아의 길목쯤에 있던 도시라고 짐작해. 아나톨리아에서 더 이룰 것이 없었던 히타이트 사람들은 더 넓고 더 비옥한 땅으로 나아가고 싶은 마음을 새로운 수도에 담았다고 보는 거야. 여기 시리아 지역에서 출발하면 메소포타미아는 바로 옆동네였고, 남쪽으로 내려가서 지금의 레바논과 이스라엘 땅을 지나면 이집트에도 닿을 수 있었거든.

또 잠깐 샛길을 가면, 지중해가 적시는 아라비아 반도의 서쪽 끝 땅은 지중해 건너편에 있는 이탈리아 사람들이 보기에 바다 위로 해가 솟는 땅이었대. 레반트는 해가 뜨는 곳이라는 뜻을 가진 이탈리아 말인데, 보통 시리아·레바논·이스라엘이 있는 지역을 레반트라고 불러.

⑰ 카데시 전쟁

히타이트가 자꾸만 남쪽으로 내려온다는 소식이 빠른 속도로 퍼지면서 아라비아 반도와 아프리카 땅이 서늘해졌어. 뭐 그런 거 있잖아. 전쟁 상황이 아니더라도 큰 나라의 군대가 움직이거나 군함이 이동하면 주변 나라들이 바짝 긴장하는 거. 히타이트의 이웃 나라이자 경쟁국이었던 아시리아와 이집트 사람들의 마음이 그랬는데, 불편한 마음을 참지 못하고 먼저 결심한 쪽은 이집트였어.

전쟁 결심이었지. 파라오인 람세스 2세가 직접 군대를 이끌고 북쪽으로 진군을 시작했어. 신성한 힘에서 파라오의 권력이 나온다고 믿으며 나라 곳곳에 거대한 신전을 세우고 있던 람세스 2세가 이집트를 위협하는 히타이트를 응징하러 직접 길을 나선 거야. 기원전 1275년 파라오와 함께 북진한 전사는 4만여 명.

이집트 군대의 출정 소식을 들은 히타이트의 왕 무와탈리는 동생인 하투실리 왕자를 지휘관으로 삼아 군대를 보내기로 결정했어. 적당히 타협하거나 피하는 일은 히타이트의 방식이 아니었으니 두 강자의 충돌은 이제 피할 수 없는 일이 되었지. 새 수도 타르훈타사에서 출발한 히타이트 전사들은 남쪽으로 진군을 시작했어.

히타이트와 이집트 두 제국의 전사들이 충돌한 곳은 카데시, 지금의 시리아 땅이었어. 말이 끄는 수레를 타고 진군해 온 두 나라의 전

카데시 전쟁을 기록한 이집트의 라메세움 신전 벽화(복원 그림).

사들은 수레에 올라탄 채로 싸움을 시작했는데, 위력적인 강철 무기 앞에서도 이집트의 전사들은 물러설 줄 몰랐어. 서로가 만만한 상대가 아니었던 것이지. 밀고 밀리는 싸움과 치고 빠지는 전투가 오랫동안 이어졌고 전쟁은 결국 무승부로 끝이 났어. 멈추고 화해하자며 서로 손을 내민 거야.

이집트의 파라오와 히타이트의 왕자는 살아남은 군대와 함께 각자의 수도로 돌아갔어. 그리고 서로 다른 전쟁 결과를 보고했지. 람세스 2세는 제국의 백성들에게 이집트의 승리라고 이야기했어. 하투실리 왕자는 히타이트의 승리 소식을 전했지. 도무지 끝날 것 같지 않은 전쟁을 지휘관의 의지로 끝낸 셈이었으니 어떻게 보고해도 틀리지 않았지만 실속을 챙긴 진정한 승자는 히타이트가 분명했어. 카데시 전쟁이 끝난 다음 두 제국 둘레의 나라들이 히타이트에 협력하게 되었거든. 히타이트는 이제 레반트 지역에서 거리낌 없이 활보했고 이집트는 시리아 지역을 더 이상 넘보지 않았지.

이집트로 돌아온 람세스 2세는 신전 건축을 멈추지 않았는데 자신이 죽은 다음에 묻힐 신전인 라메세움에 전쟁 이야기를 꼼꼼하게 기록했어. 신전 벽에 이집트 전사들과 히타이트 전사들이 치열하게 싸우는 모습을 그린 거야. 벽화를 보면 히타이트 전사들은 말이 끄는 수레에 두 사람씩 탔고 이집트 전사들은 한 사람이 탔어. 얼핏 보아도 히타이트의 수레가 훨씬 많아서 카데시 전쟁에서 히타이트의 공격력이 앞섰다고 짐작할 수 있는 기록이야. 황제이자 신이었던 파라오는, 수적으로 불리했음에도 불구하고 이집트가 승리했다는 이야기를 하고 싶었던 걸까? 워낙 꼼꼼하고 정확한 성격이어서 사실 그대로 그리게 했던 걸까?

오리엔트의 두 강자가 부딪친 카데시 전쟁의 끝은 평화 조약 체결이었는데, 이건 나라와 나라가 맺은 세계 최초의 국제 조약이어서 세계사를 이야기하는 자리에 빠지지 않고 등장하는 사건이기도 해.

람세스 2세 즉위 20년이 되는 기원전 1259년, 다시 카데시였어. 히타이트와 이집트는 세계 평화를 위해 노력한다는 내용의 합의문을 채

택한 다음 '카데시 평화 조약문'을 나눠 가졌어. 히타이트의 왕 하투실리 3세, 왕비 푸두케파, 이집트의 왕 람세스 2세의 인장이 선명하게 찍힌 문서였지. 평화 조약을 맺은 두 나라는 히타이트의 공주와 람세스 2세의 결혼으로 평화를 위한 노력을 보여 주기도 했어.

이때 만든 조약문은 이집트의 신전에 새겨졌으며 히타이트의 수도에도 보관되었어. 지금은 뉴욕에 있는 유엔 본부에 복사본이 걸려 있어. 세계 최초의 국제 평화 조약은 이렇게 시작해. "서로를 침략하지 않는다."

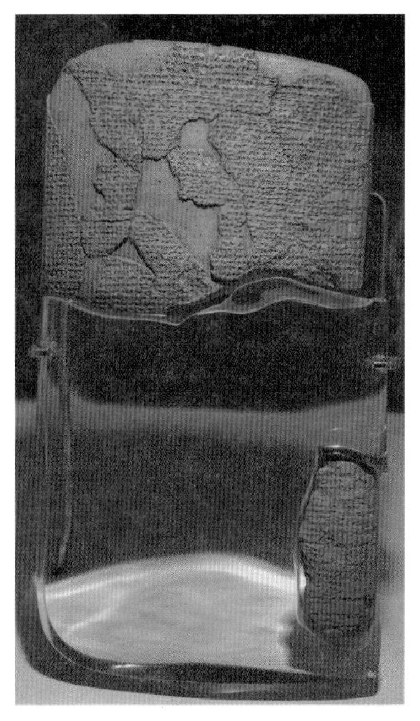

히타이트와 이집트가 체결한 카데시 평화 조약문. 점토판에 새긴 히타이트 측의 조약문은 보가즈쾨이에서 발견되었다.

❽ 히타이트 멸망 후 강철의 길

히타이트 제국은 기원전 1190년 무렵 어느 날 갑자기 사라졌어. 누군가의 침략을 받은 게 분명했지. 사람과 가축, 집과 신전 모두가 무너지고 불에 타면서 어마어마했던 나라가 흔적도 없이 사라졌는데 누가 파괴자인지는 아무도 몰라. 그리스 해적이 벌인 일이라고 짐작하는 역사학자들이 많지만 기록이나 증거가 없어서 아직 짐작일 뿐이야. 어쨌거나 제국의 모든 것이 잿더미 속에 묻히는 참혹한 상황에서 살아남은 건 오직 하나, 강철 기술뿐이었어.

제국이 무너지는 순간에 강철 기술을 둘러싼 봉인이 풀렸는지 히타이트가 멸망한 후에 세계 곳곳에서 강철이 등장했거든. 강철 제작 방법을 아는 히타이트 인들이 살아남아서 아나톨리아 반도를 빠져나갔다는 이야기겠지?

기원전 11세기에 메소포타미아 지역에서 강철이 등장했어. 그로부터 100년 후에는 이집트에서도 강철로 만든 무기를 선보였지. 흑해 건너편에 살던 스키타이 유목민에게도 강철 기술이 전해졌는데 말을 타고 중앙아시아를 누비던 스키타이 사람들은 강철 무기와 도구를 들고 아시아의 동쪽 끝까지 달렸어. 고구려·백제·신라·가야가 터를 잡던 그 시절에 히타이트의 강철 기술이 한반도에 도착한 거야.

강철을 만든 히타이트 제국이 힘센 나라가 된 것처럼 세계 여러 지

역에서 강철을 소유한 사람들은 힘과 권력을 얻었어. 알음알음 모여 살던 사람들 사이에 위계가 생겨났고 국가가 만들어졌지. 전쟁과 정복이 국가의 자연스러운 활동 가운데 하나가 되면서 사람의 역사는 좀 더 '스펙터클'해졌어. 철기 시대가 열린 거야.

잠시도 쉬지 않고 걸어가기, 길 끝에 도착한 다음 새로운 길 찾기, 짧게 호흡한 다음 더 부지런히 걷기. 유라시아 평원의 자유로운 유목민 시절부터 아나톨리아와 메소포타미아 지역을 누비는 제국의 주인이었던 시절까지 히타이트 사람들은 쉬지 않고 걸었어. 이들에게는 떠돌이 유전자가 있었던 걸까? 이들의 도전 정신은 남달랐을까? 아니면, 욕심보가 원체 커서 쉴 수가 없었던 걸까?

욕심은 확실한 것 같아. 먹을 것이 넘쳐나서 날마다 즐거운 삶을 살고 싶다는 욕심이 있었으니 비옥한 땅 메소포타미아로 갔을 거야. 그리고 이들은 살아남고 싶은 마음이 간절했던 것 같아. 러시아 평원에서 아나톨리아 고원까지는 참 멀고 험난해서 이만저만한 의지가 아니면 걷기 힘든 길이거든. 히타이트 사람들에게는 애정과 의지가 넘치는 길이었겠지만 이 땅에 먼저 정착한 사람들에게 이 길은 악몽이었을 거야. 침략자가 강철 무기를 들고 달려온 길이었을 테니 말이야.

산악의 전사 히타이트 사람들이 4,000년 전쯤에 걸었던 길을 정확하게 거슬러 가는 사람들이 있어. 시리아부터 아나톨리아까지 걷는 사람들인데, 이들이 지금 이 길을 가는 이유는 살기 위해서야.

전쟁을 피해 난민 캠프를 찾은 시리아 사람들.

나라 안에서 벌어지는 전쟁을 피해 시리아 땅 곳곳에서 출발한 난민들은 북쪽으로 가다가 타우루스 산맥 근처쯤에 있는 시리아와 터키의 국경 앞에서 일단 멈춘대. 이들은 언제 열릴지 알 수 없는 국경을 바라보며 하염없이 기다려. 운이 정말 좋아서 어쩌다 열린 국경을 통과한다면 이들은 타우루스 산 아래 있는 가지안테프 천막촌에 들어갈 수 있다지. 정말 운이 좋다면 말이야. 난민캠프인 이곳에서 잠시 머문 사람들은 서로 다른 길로 떠나곤 해.

동북쪽 끝으로 올라가면 터키와 이란의 국경이 있는 옛 메소포타미아 상류 지역에 도착할 수 있어. 여기서 북쪽으로 가면 흑해를 지나

중앙아시아 평원에 도착하는데 이곳이 바로 히타이트 사람들이 유목민 시절에 말 달리던 그 땅이야. 그런데 석유가 솟아나는 지역이다 보니 사시사철 분쟁이 끊이지 않는 곳이야. 전쟁을 피하고 싶은 시리아 난민들이 갈 만한 땅은 아니지.

난민캠프에서 서쪽으로 방향을 잡아 걷다가 아나톨리아 반도 서북쪽 끝까지 가서 다시 국경을 넘으려는 사람들이 많아. 서북쪽에는 아시아 땅이 끝나고 유럽 땅이 시작되는 터키와 불가리아의 국경이 있는데 이들은 유럽에 가기로 마음을 먹었기 때문에 무슨 일이 있더라도, 그러니까 총부리가 앞을 막더라도 꿋꿋하게 국경을 넘을 생각이야. 하지만 국경 넘기는 하늘이 도와야 성공할 수 있는 일이고 혹시 국경을 넘어 불가리아에 도착하더라도 이게 끝이 아니야. 세르비아와 헝가리를 지나 오스트리아 국경까지 넘어야 그나마 이들에게 문을 여는 독일을 눈앞에 두는데, 어느 국경 하나 쉽게 넘을 수 없거든.

물론, 시리아 난민이 아니면 유럽으로 가는 국경은 어렵지 않게 열려. 시리아에서 터키, 터키에서 불가리아로 가려면 여권과 비자를 챙겨 국경 버스를 타면 되거든. 길 위에 선 난민들에게만 어렵고 험한 길이지. 히타이트 전사들이 산맥을 타고 넘으면서 시리아와 아나톨리아를 잇는 길을 낸 지 3,500년이 지났지만 아직도 이 길은 참 힘들어.

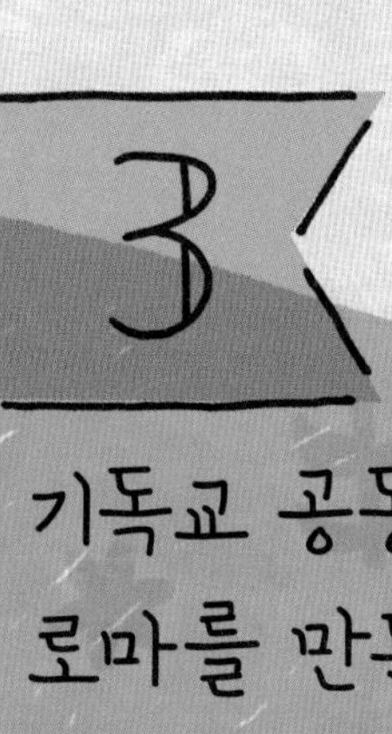

3

기독교 공동체 로마를 만든 콘스탄티누스의 길

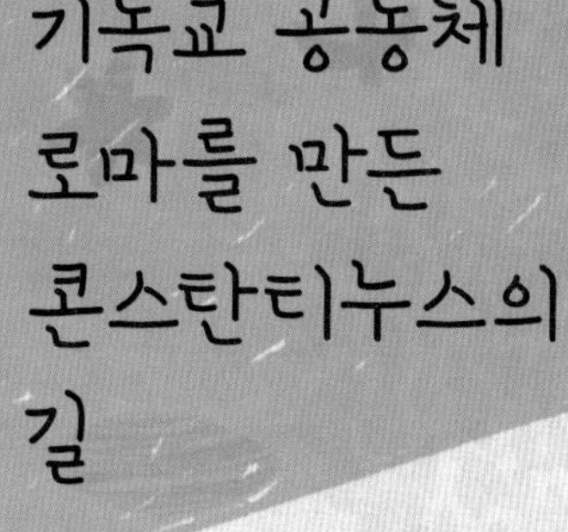

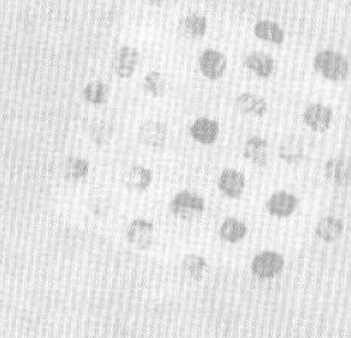

로마의 황제 콘스탄티누스는 살아 있는 내내 길을 나섰고, 줄곧 전쟁을 했으며, 여러 번 황궁을 옮겼어. 그는 세계 최강국의 유일한 황제였지만, 삶이 좀 고단했지. 이번에는 콘스탄티누스가 걸어간 길 이야기야. 콘스탄티누스 황제는 로마의 서쪽 끝에서 출발해 동쪽 끝까지 갔는데, 그가 간 길은 신들의 나라 로마를 기독교 유일신의 나라로 바꾸는 길이 되었어.

기원전 8세기에 건국된 로마는 천 년 동안 기독교와 거리가 멀었어. 자기 땅에서 생겨난 기독교를 유난히 박해하는 나라가 바로 로마였으니까 정말 멀었지.

너무 먼 둘 사이를 가깝게 만든 이가 콘스탄티누스 황제야. 그는 313년에 밀라노에서 칙령을 내려 기독교에 대한 박해를 멈추게 했어. 기독교를 나라의 종교로 만드는 일을 주도한 사람도 콘스탄티누스지. 콘스탄티누스가 걸어간 길을 따라가면 우리가 아는 로마가 서서히 모습을 드러내.

폴란드
독일
트리어
체코
우크라이나
프랑스
오스트리아
헝가리
스위스
밀라노(메디올라눔)
크로아티아
루마니아
세르비아
흑해
코소보
미트로비차(시르미움)
이탈리아
이스탄불
(비잔티움 · 콘스탄티노플)
로마
그리스
이즈미르(니케아)
터키
아테네
알제리
튀니지
지중해
시리아

트리어에서 니케아까지, 콘스탄티누스의 길

❶ 콘스탄티누스 로마에 가다

콘스탄티누스는 로마 황제의 아들로 태어났어. 왕자로 태어난 것까지는 참 운이 좋았는데 그 시절에 왕자는 황제가 되리라는 보장이 없었다는 게 좀 문제였어. 유럽 대륙 거의 전부와 북아프리카, 아나톨리아 반도와 시리아 아래쪽 시나이 반도까지 모조리 로마 땅이었던 272년에 그가 태어났기 때문이야. 그때 로마 제국에는 황제가 넷이나 있었거든.

영국의 요크 대성당 옆에 있는 콘스탄티누스의 동상.

그가 나고 자란 곳은 지금의 프랑스, 독일, 스위스가 있는 로마 땅 갈리아 지역이었어. 이곳 갈리아와 브리타니아 지역(오늘날의 영국)을 묶어서 서쪽 로마의 황제 한 사람이 다스렸는데 그 사람이 바로 콘스탄티누스의 아버지였어. 로마 제국에서 4분의 1만큼의 권한을 가진 황제였지. 넓고 풍요롭고 강한 제국의 황제와 왕자였지만, 다른 지역 황제들과 끊임없이 경쟁해서 실력을 인정받아야 하는 처지였던 거야.

실력이든 운이든 뭔가 있었겠지? 콘스탄티누스는 아버지가 다스리던 지역의 황제 자리를 어려움 없이 물려받았어. 그런데 곧 문제가 하나 생겼어. 로마 제국의 황제 넷 가운데 둘은 정식 황제인 정제이고 나머지 둘은 정제가 임명하는 부제여야 했는데 콘스탄티누스가 황제로 있던 312년에는 정제만 셋이었던 거야. 말하자면 4분할 통치 구조에 금이 가기 시작한 것이지. 문제가 생긴 곳은 콘스탄티누스가 있던 서쪽 로마. 갈리아와 브리타니아 지역을 다스리는 콘스탄티누스와 이탈리아 반도와 북아프리카 지역을 다스리는 막센티우스가 서로 정식 황제라고 주장했어.

복잡한 문제를 해결하기 위해서 먼저 행동한 사람은 콘스탄티누스였어. 갈리아 지역의 수도 트리어에 머물던 그는 312년 가을에 군대를 이끌고 길을 나섰어. 그의 목적지는 서쪽 로마의 또 다른 황제가 사는 도시 로마. 알프스 산맥을 넘고 루비콘 강을 건넌 이들은 로마로 들어

가는 길목에서 막센티우스의 군대와 대치했어. 어김없이 치열한 싸움이 시작되었고 콘스탄티누스의 군대가 승리했지. 그리하여 서쪽 로마의 정제는 한 사람이 되었어.

믿기 힘들 수 있는데, 로마 황제 콘스탄티누스는 이때 처음 로마에 갔다고 해. 나라가 시작된 곳이고 천 년 가까이 제국의 수도였지만 이 도시는 황제 콘스탄티누스와 특별한 인연이 없었던 거야. 그는 도시 로마뿐만 아니라 로마가 자리잡은 땅인 이탈리아 반도와도 특별한 인연이 없었다지. 갈리아 지역에서 태어났고 브리타니아에 주둔한 로마군에게 황제의 옷을 받은 다음 줄곧 제국의 서쪽 끝을 통치하는 황제로 살았으니까 이탈리아 반도에 올 일이 없었던 거야.

서쪽 로마 전체를 다스리는 황제가 된 다음에도 콘스탄티누스는 도시 로마에 별다른 매력을 못 느낀 것 같아. 로마의 황궁에 살던 경쟁자를 없앤 다음 그는 바로 로마를 떠났거든.

❷ 밀라노의 콘스탄티누스

서쪽 로마의 유일한 황제가 된 콘스탄티누스가 가장 먼저 한 일은 수도를 옮기는 일이었어. 이런 일 익숙하지? 새로운 나라를 만들거나 무언가 중요한 결심을 하면 일단 수도를 옮기잖아. 수도의 위치는 그 나라가 나아갈 방향을 보여 주기도 하고 말이야. 서쪽 로마도 그래서 수도를 옮겼는데, 황제 콘스탄티누스가 선택한 곳은 서쪽 로마의 한 복판이었어. 갈리아 지역과 이탈리아 반도가 통하는 길목에 있는 도시 메디올라눔에 새로운 황궁을 마련한 것이지. 이 도시의 지금 이름이 밀라노야. 이탈리아에서 두 번째로 큰 도시이자 패션과 경제의 도시이고 로마 제국의 수도이기도 했으니 오랜 역사를 자랑하는 곳이지.

이런 밀라노에서 로마의 황제 두 사람이 만났어. 313년 6월, 서쪽 로마의 황제 콘스탄티누스와 동쪽 로마의 황제 리키니우스가 밀라노의 황궁에서 만나 제국의 안녕과 평화를 걱정하며 긴 이야기를 나누었어. 두 황제는 이야기를 마친 다음 제국의 모든 시민에게 강제력을 갖는 명령을 하나 발표했는데 그게 '밀라노 칙령'이야.

밀라노 칙령의 핵심은 모든 종교에 신앙의 자유를 허용한다는 것인데, 사람들은 갸우뚱했어. 그 시절에 로마 사람들의 신앙생활은 참 자유로워서 수십 수백의 신이 숭배를 받고 있었으니까 신앙의 자유를 인정한다는 명령은 난데없어 보였지. 유일하게 이 명령을 반긴 이들은 기독교도였어. 로마 안에 있는 수많은 종교 가운데 유일하게 탄압을 받으며 동굴과 지하에서 신앙생활을 하던 사람들이지.

로마의 황제들은 300년 무렵까지, 그러니까 밀라노 칙령이 발표될 무렵까지 기독교 박해라고 부를 만한 일들을 저지르고 있었거든. 아나톨리아와 시리아 지역, 그러니까 로마 동쪽의 기독교 성직자 대부분이 처형당했고 교회의 건물과 재산은 보이는 대로 나라에 몰수되었어. 이런 상황에서 콘스탄티누스와 리키니우스 황제가 신앙의 자유를 허용한다고 발표한 거야. 로마 안에서 기독교 박해의 시간은 이제 끝났다고 선포한 셈이지.

황제의 명령은 바로 현실에 적용되었어. 나라가 뺏은 재산은 다시 교회로 돌아갔고 동굴과 지하에 숨어 있던 기독교도들도 양지로 나왔어. 밝고 너른 땅에 교회가 지어졌고 기독교도는 아늑한 교회에서 황제를 위해 기도하기 시작했대. 목숨만큼 소중한 종교에 새 생명을 준 황제니까 고마워서 행운을 빌어 주고 싶었던 거야.

그런데 따지고 보면 기독교는 로마의 종교였어. 로마는 기원전 63년에 오리엔트 원정을 벌여 팔레스타인 지역을 차지했거든. 로마의 시리아 총독에게 통치를 받는 땅 팔레스타인의 베들레헴에서 기독교 신앙 그 자체인 예수가 태어나고 나사렛에서 활동했으니, 로마 안에서 시작하고 성장한 종교가 기독교라는 말이지.

잘 알려져 있듯이, 예수가 체포된 다음부터 30년 4월 7일 예루살렘에 있는 골고다 언덕에서 십자가 처형을 당할 때까지 모든 과정을 진행한 사람은 로마의 시리아 총독인 빌라도였어. 예수의 죄는 자신을 '유대의 왕'이라고 소개하며 연설을 하고 다닌 일. 이미 로마에 속한 땅이고 로마 황제가 지배하는 땅에서 오래전에 사라진 유대의 왕 이야기를 꺼냈으니 예수는 반역에 가까운 유언비어를 유포한 죄로 처형당한 거야.

헝가리 화가 미하이 문카치의 그림 〈빌라도 앞에 선 예수〉(위)와 〈골고다〉(아래). 기독교가 박해받는 모습을 묘사했다.

로마에 있는 성 요한 라테란 성당.

밟힐수록 단단해지는 것이 종교인지, 예수가 처형된 다음 기독교는 로마 땅 곳곳으로 번졌어. 종교가 뿌리를 내린 다음에 황제들은 기독교의 싹을 자르기 위해 행동을 시작했는데 마음속에 자리 잡은 믿음까지 감시하고 통제할 수는 없었어. 신앙은 나날이 번졌고 구박과 박해와 탄압의 강도는 점점 세졌지. 이런 시절이 300년 무렵까지 이어진 거야. 콘스탄티누스와 리키니우스가 발표한 밀라노 칙령은 고난과 시련의 시간을 종료한다는 공식적인 선언이었고 말이야.

콘스탄티누스는 밀라노 칙령을 발표한 다음 먼저 모범을 보였어. 나라가 몰수했던 기독교의 재산을 돌려준 것은 물론 자신의 재산을 교회에 기부했어. 개인 소유 궁전을 로마의 기독교 주교에게 기증하면서 궁전이 있는 라테란 지역의 땅도 함께 주었는데, 이 라테란 궁전은 훗날 교황청 건물로 쓰이고 궁전 옆에는 성 요한 라테란 성당이 들어서. 콘스탄티누스 황제 덕분에 기독교의 중심 공간이 만들어진 셈이지.

③ 비잔티움에서 로마 유일의 황제가 되다

콘스탄티누스와 손 맞잡고 밀라노 칙령을 발표했던 리키니우스는 동쪽 로마의 황궁이 있는 시르미움에 머물고 있었어. 지금의 코소보 땅 미트로비차 쯤이야. 니케아에 살던 또 다른 황제를 제압하고 동쪽 로마 전체를 지배하게 된 리키니우스는 서쪽 로마의 황제 콘스탄티누스와 종종 협력하고 가끔 경쟁하였는데 324년에 경쟁과 공생의 시대는 끝이 보이기 시작했어. 밀라노 칙령을 발표하면서 맞잡은 손의 온기가 채 사라지기 전에 먼저 도발한 건 리키니우스였지. 그는 콘스탄티누스의 동상과 초상화를 대놓고 파괴했대.

어쩌면 파국은 로마의 황제가 둘이 되는 순간에 예견되었는지 모르겠어. 권력을 둘이 나누면 자꾸 비교하는 마음이 생기거든. 남의 것이 더 커 보이고 괜히 뺏긴 것 같고 그렇거든. 넷으로 나누었을 때는 원래 이만큼이 내 것이라 여기고 만족하지만 둘이 나눠 가지면 상황이 달라져. 이건 욕심이 많고 적고를 떠나 사람을 조종하는 권력의 속성 같은 것이지. 권력을 쪼개 가진 두 황제의 마음은 참으로 불편했다는 말이야.

드디어, 로마 제국의 두 황제는 나머지 반을 차지하기 위해 전쟁을 시작했는데 콘스탄티누스가 힘껏 밀어붙이면서 동쪽으로 진군했고 승기를 잡은 듯했어. 동쪽 로마 땅 곳곳을 빼앗긴 리키니우스는 삼면이 바다로 둘러싸여 요새와 같은 도시 비잔티움에 진을 쳤지. 바다를

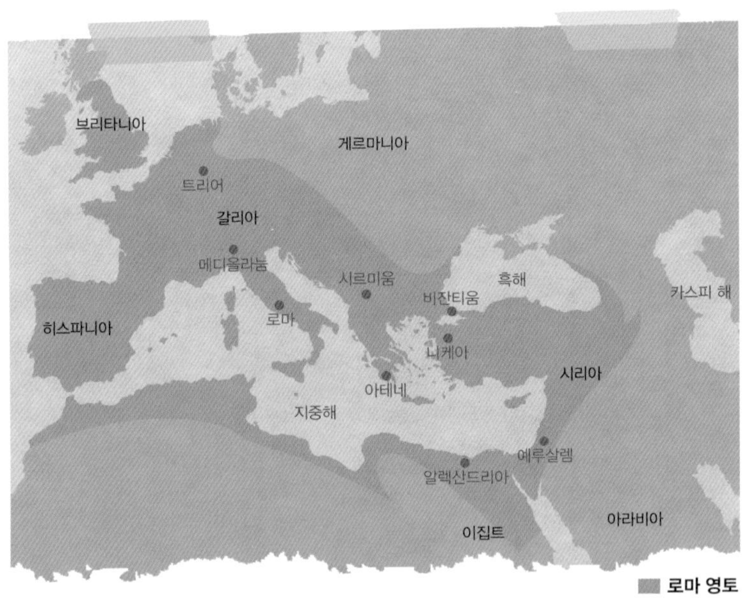

300년 무렵 로마 제국과 그 주변

잘 아는 리키니우스가 해전을 유도한 것이고 바다와는 거리가 먼 콘스탄티누스 측은 어찌 할 방법이 없어 보였어. 상대를 궁지로 몰았지만 공격할 방법이 없어 머뭇거리고 있을 때에 해군 함대가 비잔티움 앞바다에 도착했어. 콘스탄티누스의 아들이 급하게 만든 군대였는데 이들은 꼬박 이틀 동안 총공세를 편 끝에 리키니우스의 항복을 끌어냈어. 엄청난 사람이 죽고 땅에 있는 모든 것이 쓰러진 폐허 위에서 콘스탄티누스는 로마의 유일한 황제로 등극했지. 이때가 324년 11월이었어.

그리하여 콘스탄티누스는 조금 더 동쪽으로 왔어. 자신과 경쟁하는 황제를 제압하기 위해서 유럽의 서쪽 끝에서 출발한 그가 드디어 유럽의 동쪽 끝에 도착한 것이지. 트리어에서 로마, 로마에서 메디올라눔, 메디올라눔에서 시르미움을 지나 비잔티움으로.

④ 니케아로 간 콘스탄티누스

비잔티움에서 승리한 콘스탄티누스는 로마의 동쪽 니케아에 새로운 거처를 마련하고 제국의 일을 처리하기 시작했는데 그가 집권 초기에 마음먹고 준비한 일은 종교회의였어. 로마 안에 있는 모든 종교의 화합과 단결을 도모하는 그런 회의는 아니고, 기독교 주교들이 기독교의 문제를 의논하기 위한 회의 자리였어. 참가 대상은 로마에서 활동하는 기독교 주교 모두이며, 날짜는 325년 6월 19일부터였고, 회의 장소는 니케아라는 공고가 났어. 니케아는 에게 해가 적시는 터키 서쪽의 항구인데 지금 이 도시의 이름은 이즈미르야.

325년에 기독교는 로마에서 활동하는 수많은 종교 가운데 하나일 뿐이었기 때문에 기독교의 일을 의논하는 회의를 황제가 주관한다는 공고는 참 수상했지만 어쨌든 회의는 소집되었어. 기독교 회의를 소집하는 절대 권력자 황제에게 딴지를 거는 세력은 없었지. 황제의 명령을 받은 주교들이 속속 니케아에 도착해서 종교회의는 6월 19일에 예정대로 시작되었어.

회의 장소인 니케아의 황궁에 모인 주교는 모두 300명쯤이었고 참석자 대부분은 동쪽 로마에서 출발한 사람들이었대. 아나톨리아와 시리아 지역에서 활동하는 기독교 주교들. 이들은 땅길로 니케아까지 왔어. 이탈리아 반도와 북아프리카의 주교들은 에게 해와 지중해에 배를 띄우면 어렵지 않게 회의 장소인 니케아에 도착할 수 있었지만, 참석한 사람은 거의 없었대.

황제 콘스탄티누스는 회의 시작을 선포했어. 그런데 황제가 입을 떼자마자 주교들이 수군거렸다고 해. 교회의 문제를 의논하는 자리에서는 보통 그리스어를 사용하는데 황제는 라틴어로 연설을 했기 때문이지. 그리스어를 할 줄 알고 기독교의 관례도 익히 아는 콘스탄티누스는 모든 회의가 끝나는 8월 25일까지 라틴어로 회의를 이끌었대.

황제는 왜 이런 고집을 부렸을까? 라틴어를 너무 사랑했다든지 그리스어 발음이 나빴다든지, 그런 문제는 아니었대. 황제는 주교들에게 꼭 전하고 싶은 뜻이 있어서 라틴어를 썼다는 거야. 기독교의 문제를 최종으로 결정하는 사람은 주교가 아니라 제국의 황제다, 이런 이야기. 주교는 기독교의 수장이지만 황제가 다스리는 나라의 백성이다, 이런 이야기를 에둘러서 하려고 로마의 공식 언어인 라틴어를 썼다는 거야.

콘스탄티누스 황제가 주도한 325년의 니케아 종교회의는 부활절 날짜를 결정했고, 삼위일체론을 확정지었어. 예수는 신성이 있을까 없을까를 두고 투표를 진행한 결과 성자 예수는 성부 하느님과 똑같이 신성하다는 의견이 우세했거든. 그래서 투표 결과를 근거로 '성부와 성자와 성령은 동일하다'는 삼위일체론을 기독교의 정통이라고 선언한 거야. 이 선언과 동시에 다른 의견들은 이단이 되었어. 예를 들면, 예수는 신과 같은 존재이지만 분명히 사람이라는 견해를 가진 아리우스 교파가 있었는데 이들은 투표에서 지는 바람에 이단이 되었고 로마 땅을 떠나라는 추방 명령을 받았대.

사실, 니케아 종교회의는 아리우스파 때문에 열렸다고도 할 수 있어. 북아프리카의 항구 도시 알렉산드리아의 주교였던 아리우스는 신성은 나눌 수 없다면서 예수는 사람이라고 주장했는데 그를 따르는 기독교도가 나날이 늘고 있었거든. 그래서 콘스탄티누스는 걱정이 이만저만이 아니었대. 성직자도 사람이니까 서로 생각이 다를 수 있는데 다른 생각 때문에 패거리를 만드는 지역이 하필 이집트였기 때문이야.

지중해가 적시는 이집트 지역의 비옥한 땅은 로마의 곡창 지대였거든. 넓고 넓은 로마 제국 사람들 모두 이곳에서 나는 곡물을 먹었으니까 이집트는 로마 제국에서 가장 중요한 지역 중 하나라는 말이지. 이집트 지역의 안전과 평화는 로마 사람들이 먹고사는 일과 바로 연결되었다는 이야기야.

324년에 제국의 유일한 황제가 된 콘스탄티누스는 북아프리카의 평화를 지켜야 로마의 평화를 유지할 수 있다고 생각한 것 같아. 북아프리카의 평화를 위해서는 기독교가 하나가 되어야 한다는 생각으로 이어졌고, 기독교의 단결을 위해 종교회의를 소집하기에 이른 거지. 로마 사람들의 밥 문제를 고민하다가 만들어진 자리가 니케아 종교회의라고 할 수 있어.

이쯤 되면 짐작이 갈 거야. 황제 콘스탄티누스가 기독교 회의를 소집한 이유도 기독교 회의에서 라틴어를 사용한 이유도 확 와닿지 않니? 그래, 모든 일은 로마 사람들의 평화를 위해서였던 거야. 그리고 황제를 위해서였지. 백성을 배부르게 하고 나라를 평화롭게 만든 군주는 위대해지는 법이잖아.

기독교 회의를 황제가 주관하는 순간에 콘스탄티누스는 이미 훌륭해졌는지도 모르겠어. 하늘의 권력자인 신이 땅의 일을 맡기려고 선택한 사람이 된 셈이니까 콘스탄티누스는 스스로 위대해진 것이지. 니

케아에서 기독교는 점점 신성해졌고 황제는 점점 근엄해졌어. 주교들이 황제를 신이 보낸 자라고 칭송할 정도였다지. 로마의 유일한 황제는 유일신 하느님을 닮아가고 있었던 거야.

⑤ 비잔티움으로 간 콘스탄티누스

황제 콘스탄티누스가 니케아 종교회의보다 먼저 시작한 일이 하나 있었어. 그가 유일한 황제가 되자마자 시작한 일인데 324년에 첫 삽을 뜬 이 일에 제목을 붙인다면 '제국의 새로운 수도 건설 공사' 정도일 거야.

로마 제국에는 수도 역할을 하는 도시가 여럿이었고 황궁도 여럿이었어. 제국을 넷으로 갈라 통치할 때가 있었으니까 수도와 황궁은 최소한 넷이었는데 콘스탄티누스는 모든 수도의 모든 황궁이 마음에 들지 않았나 봐.

종교회의를 열었던 니케아만 해도 로마의 서쪽과 동쪽 어디에서 출발해도 쉽게 닿을 수 있는 도시였고 이전 황제가 거처로 삼았던 황궁도 있었지만 콘스탄티누스의 마음을 잡지는 못했어. 제국의 상징과도 같은 도시 로마도 마찬가지였지. 콘스탄티누스는 귀족들이 우글거리

이스탄불에 남아 있는 비잔티움 성벽.

는 도시이자 태양신을 비롯한 수천의 신이 터를 잡은 도시 로마에 관심이 없었어. 제국에서 유일한 권력이 되기 위해 오랜 시간 전쟁을 치른 콘스탄티누스잖아. 제국을 일구었다고 자부하는 사람과 신이 가득한 도시 로마는 어울릴 수 없었던 거야.

황제가 선택한 장소는 비잔티움. 절대 권력이 되기 위해 마지막 전투를 치렀던 장소이자 한 번도 로마의 수도가 아니었던 곳이지. 황제가 비잔티움을 선택한 이유는 문서로 남아 있지 않아서 다만 짐작할 뿐인데, 동쪽과 서쪽으로 쪼개진 제국을 통일하면서 황제가 된 사람이니까 제국의 한복판에 자리를 잡고 싶었을 거라는 짐작을 많이 해. 나날이 세력을 키우는 페르시아를 견제하기 위해서 아나톨리아 지역에 자리를 잡았다는 짐작도 있어. 그리고 좀 특별하게, 역사에 이름을 남기기 위한 황제의 욕심이었다는 짐작도 있지. 이게 무슨 말이냐면, 돈과 명예와 땅과 권력 모든 것을 가진 사람은 색다른 욕심을 갖게 된다는 이야기야. 후세 사람들이 자신을 기억하길 바라면서 오래 남을 건물을 짓는다거나 도시를 창조한다는 거야.

이유가 무엇이었든, 새로운 수도로 선택된 비잔티움에서는 모든 걸 새로 만들어야 했어. 황궁을 짓는 것은 물론 나라의 심장으로 선택된 도시니까 적의 침략에도 끄떡없는 성벽을 만들어야 했고 나라의 모든 물자가 어려움 없이 드나들 수 있도록 길도 닦아야 했지. 그리고 로마의 도시답게 대경기장(히포드롬)도 지어야 했어. 말 그대로 최첨단 도시 하나를 통째로 만드는 어마어마한 공사가 필요했는데, 이 일이 324년

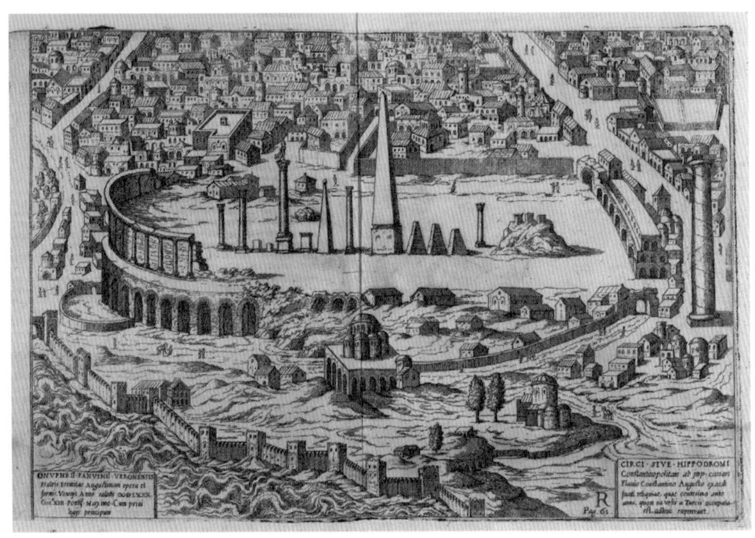

로마의 수도 비잔티움에 건설된 히포드롬을 그린 17세기 문헌.

에 시작된 거야.

330년 5월에 얼추 공사가 끝났으니까 꼬박 6년 동안 집중 공사를 한 결과 도시 하나를 정말로 만들었어. 제국의 새로운 수도가 꼴을 갖추자마자 황제는 머뭇거리지 않고 비잔티움 황궁으로 거처를 옮겼어. 일단 틀을 갖추었지만 아직 부족한 것이 많으니까 도시를 완성할 공예가, 건축가들이 비잔티움으로 왔고 새로운 장소에서 무언가를 도모하고 싶은 모험가들도 몰려들었지. 강하고 부유한 제국은 새로운 수도에 거처를 마련하는 이들에게 무료 빵 배급을 하면서 수도 건설을 축하했고 히포드롬 경기장에서 경마와 전차 경주를 개최하여 황제의 자비를 과시했어. 젊고 활기찬 도시 비잔티움에서 로마는 새로운 천년을 시작하고 있었던 거야.

⑥ 역사가 된 콘스탄티누스

콘스탄티누스는 6년 동안 공을 들여 건설한 비잔티움에서 딱 6년을 살았어. 로마 제국의 유일한 황제가 되었을 때 이미 노쇠했던 그는 비잔티움 생활 6년 만에 죽음을 맞았는데 그의 죽음과 관련한 아리송한 이야기가 하나 전해지고 있어.

황제가 삶의 마지막 순간에 한 일이 있었는데 그게 말이야, 세례였다는 거야. 기독교 신앙의 자유를 허용하는 것을 시작으로 기독교를 로마의 대표 종교로 끌어올린 황제가 마지막으로 한 일이 기독교 세례였다는 말이지. 물로 죄를 씻고 하느님의 은혜를 받는 의식인 세례는 신앙생활을 시작하는 입문 의식과도 같으니까 기독교를 위해 한두 해 일한 것이 아닌 콘스탄티누스에게는 어울리지 않았지.

그런데 콘스탄티누스는 정말로 죽음을 눈앞에 둔 순간에 세례를 받았어. 더 놀라운 사실은 콘스탄티누스에게 세례를 한 이가 아리우스파의 주교였다는 거야. 기억하지? 황제가 주도한 니케아 종교회의에서 이단으로 결정되어 추방 명령을 받은 그 교파 말이야.

황제가 임종 직전에 받은 세례를 두고 여러 말이 많아. 황제가 기독교 신앙을 가진 사람이 맞는지, 황제는 어떤 신을 믿었는지, 황제가 기독교를 위해 한 여러 가지 일은 신앙심에서 우러나온 행동이었는지 의견이 분분하지. 또 이런 의견도 있어. 황제는 신앙심이 참 깊은데 세례를 받으면 모든 죄가 없어지니까 최대한 많은 죄를 용서받기 위해서 죽기 직전에 세례를 받았다는 거야. 이해하기 힘든 행동을 둘러싸고 해석과 상상이 꼬리를 물지만 모두 짐작이야. 콘스탄티누스가 337년에 죽었고 죽기 직전에 기독교 아리우스파 주교에게 세례를 받았다는 사실만 분명해.

의도했든 아니든 콘스탄티누스가 건설한 도시 비잔티움은 결국 황제의 이름을 역사에 새겼어. 아버지의 뒤를 이어 로마 제국의 황제가 된 그의 아들 테오도시우스가 비잔티움의 이름을 콘스탄티노플이라고 바꿨거든. '콘스탄티누스의 도시' 콘스탄티노플.

로마는 여전히 굳건했지만 하나였던 제국은 다시 동로마와 서로마로 쪼개졌어. 권력 다툼이나 내전이 있었던 건 아니고, 테오도시우스 황제가 두 아들에게 나라 절반씩을 유산으로 물려준 일이 제국을 나누는 결과가 되어 버렸어. 제국의 유일한 황제가 살았던 콘스탄티노플은 이제 기독교 세상의 동쪽 보루 같은 동로마의 수도가 되어 새로운 천년을 시작했지. 동로마와 서로마로 나뉜 지 얼마 되지 않은 476년에 서로마는 역사 속으로 사라졌어. 하지만 콘스탄티누스의 이름은 굵

이스탄불 아야소피아에 있는 모자이크. '성모 마리아와 아기 예수에게 콘스탄티노플을 바치는 콘스탄티누스 황제'를 표현했다. 도시를 든 오른쪽 인물이 콘스탄티누스이다.

고 또렷하게 남았어.

서로마가 사라진 그 자리에서 여러 민족이 다양한 왕국을 꾸렸는데 이 나라들은 크고 작은 다툼이 있을 때마다 기독교라는 울타리로 서로를 묶으려 했거든. 기독교 안에서 하나가 되었던 로마를 기억하자 했고 유럽 땅을 기독교 중심으로 똘똘 뭉치게 한 콘스탄티누스를 기억하자 했지. 유럽의 여러 나라가 로마와 기독교에서 자신의 뿌리를 찾으면서 콘스탄티누스는 자연스럽게 찬사의 대상이 되었고 위대한 황제, 대제가 되었어. 대제와 함께 유럽은 중세에 접어들었지. 사라진 제국의 옛 땅을 기독교가 강력하게 떠도는 시절이며 신성한 교회가 사람과 사회를 움직이던 유럽의 중세.

콘스탄티누스의 도시는 터키의 이스탄불이 되었다. 보스포루스 해협 쪽에서 본 이스탄불.

지금도 유럽 사람들은 로마의 문화를 자신의 뿌리로 삼아. 로마의 문화라고 말할 때 그 안에는 참 많은 내용이 있겠지만 그중에서 하나만 꼽는다면 단연 기독교야. 찬란한 역사 후반기에 등장해 제국을 한 가지 색으로 물들이고 로마 사람들의 정신과 영혼을 사로잡은 종교지.

콘스탄티누스는 로마와 기독교를 한데 뒤섞어 기독교 제국 로마를 시작한 사람이잖아. 그가 로마의 서쪽 끄트머리 갈리아 땅에서 출발하여 동쪽 끝 아나톨리아 반도까지 걸어간 결과 기독교로 똘똘 뭉친 로마 제국이 만들어졌으니까 지금의 유럽은 콘스탄티누스의 발끝에서 시작되었다고 해도 지나치지 않아.

그런데 말이야, 서쪽 끝에서 동쪽 끝까지 그의 여정을 꼼꼼히 살피면 기독교를 위한 발걸음은 왠지 희미하게 느껴져. 대신, 제국의 유일한 권력이 되기 위해서 멈추지 않고 나아간 발자국이 또렷하게 보이지. 콘스탄티누스는 자신이 완성한 하나의 로마를 탄탄하고 안전하게 다지기 위해서 기독교를 더욱 신성하게 만든 거야. 그가 길을 나선 이유가 태초에 있었던 말씀 때문이었는지는 알 수 없어. 기독교 수호자로 다듬어진 콘스탄티누스가 우리 앞에 있을 뿐이야.

4

중국과 로마를 이어 준 비단길

기원전 200년부터 기원후 900년까지 중국과 로마 사이에 나 있던 길 이야기야. 이 시기 중국에는 한나라와 당나라 두 제국이 차례로 등장했어. 물론 두 제국 사이에는 크고 작은 여러 나라가 들어섰다 사라졌지. 이 시기에 로마는 공화정에서 제국으로 바뀌었고, 로마 제국은 서로마와 동로마로 나뉘었는데 476년에 서로마는 역사에서 사라져.

아시아 대륙의 강자와 유럽 대륙의 강자가 지구 동쪽과 서쪽의 패권을 장악하던 시절에 두 강자를 연결하는 물건이 비단이었어. 옷도 만들고 장식품도 만드는 천이 비단인데, 빛이 나면서 몸에 착착 감기는 천을 중국 사람들이 만들어 사용했고 로마 사람들도 물 건너 온 비단을 무척 아꼈다지. 그리하여 서로를 방문한 적도 없고 서로의 위치도 정확하게 모르는 두 나라 사람들이 비단을 공유하게 되었어.

중국에서 만들어진 비단이 로마까지 간 길 이야기야, 들어 봐.

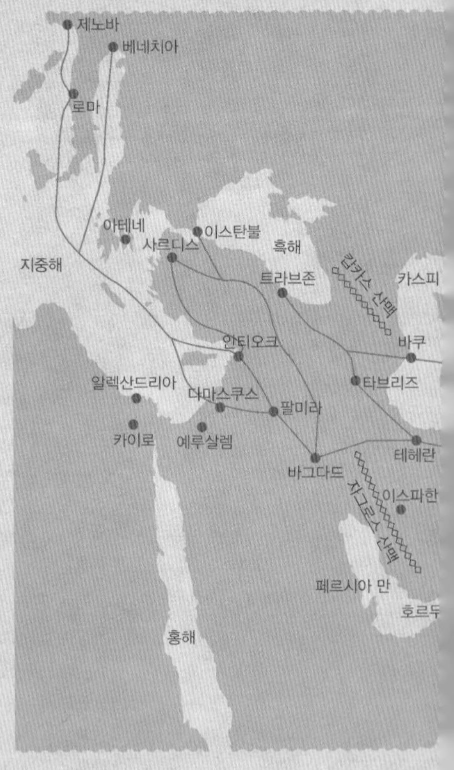

중국에서 로마까지 이어진 비단길

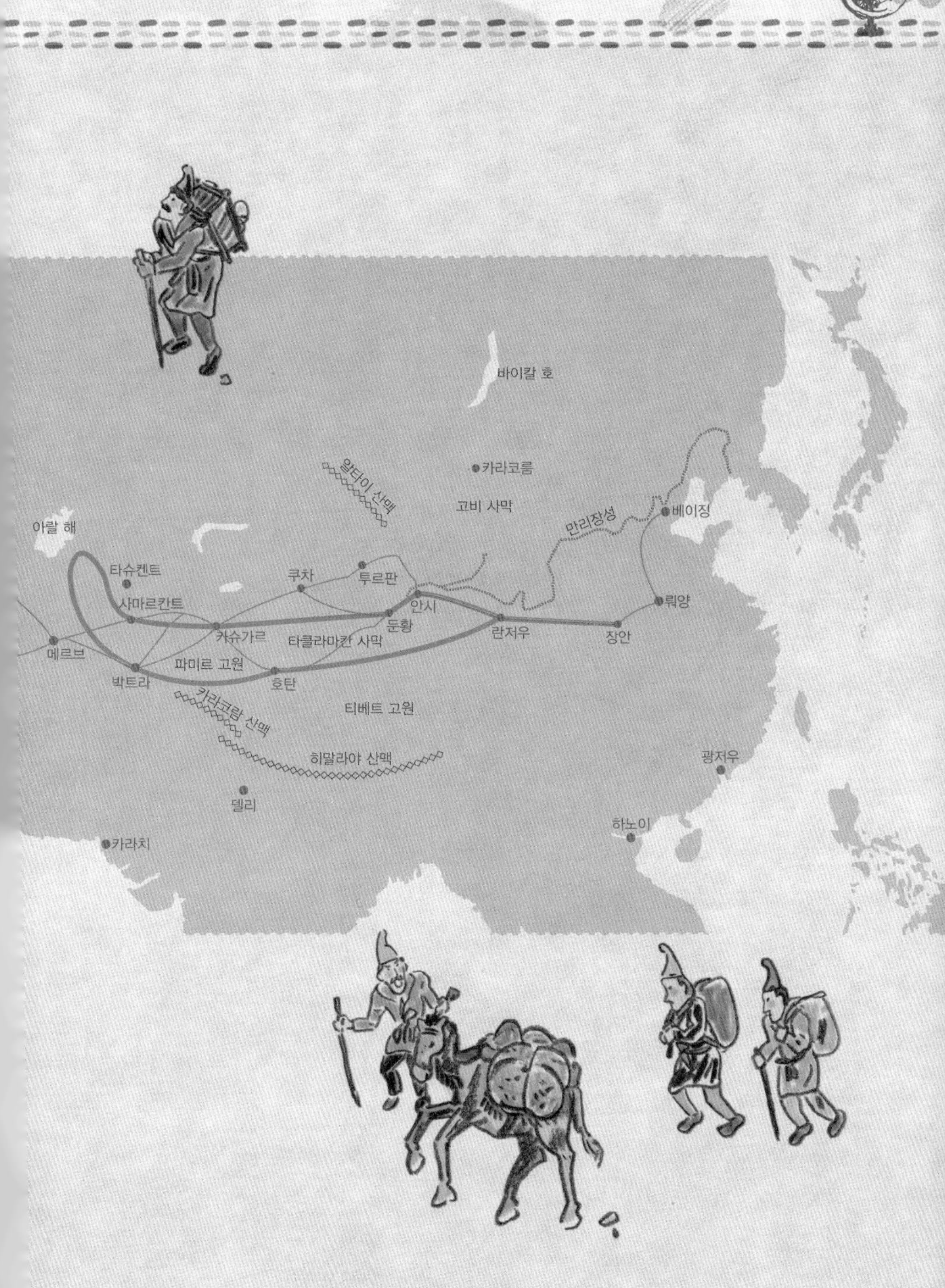
바이칼 호
카라코룸
알타이 산맥
고비 사막
만리장성
베이징
아랄 해
타슈켄트
쿠차
투르판
사마르칸트
안시
뤄양
둔황
란저우
장안
메르브
카슈가르
타클라마칸 사막
파미르 고원
박트라
호탄
티베트 고원
카라코람 산맥
히말라야 산맥
광저우
델리
하노이
카라치

❶ 조공으로 비단을 받은 흉노

누구나 다 아는 이야기로 시작할게. 비단은 누에고치에서 뽑은 실로 짠 옷감이야. 누에가 뽕나무 잎을 먹으면서 자라 고치를 짓는다는 것도 널리 알려진 사실이지. 이런 비단실의 비밀을 알아낸 중국 사람들은 오래전부터 누에를 기르기 시작했어.

중국 사람들이 언제부터 누에고치에서 실을 뽑았는지 정확한 기록은 없어. 기원전 3500년쯤에 중국의 황후가 비단 만드는 기술을 알아냈다는 전설이 내려올 뿐이야. 그 후로 중국의 왕족은 비단으로 옷을 만들어 입었고 가끔 나라에 큰 공을 세운 사람들에게 비단을 선물로 주기도 했대. 시간이 흐르자 웬만한 사람들은 어렵지 않게 비단을 손에 넣을 수 있었지. 하지만 중국 바깥으로는 비단이 나가지 않았어. 비단보다 중요한 비단 만드는 기술도 국경을 넘지 못했지. 비단과 관련된 모든 것은 나라의 특급 비밀이었기 때문이야.

비밀이 아니었더라도 기원전에 비단 기술이 중국 국경을 넘는 건 불가능한 일이었어. 중국 동쪽과 남쪽으로는 황해 바다와 남중국해가 있었으니까 국경이 의미가 없었고, 서쪽으로는 티베트 고원과 타클라마칸 사막, 그 너머엔 파미르 고원이 떡 버티고 있었거든. 동쪽과 남쪽으로는 배를 타면 어떻게든 갈 수 있었지만 서쪽으로는 가고 싶어도 갈 수가 없었던 거지. 가도 가도 모래바람뿐인데 어떻게 건널 것이며,

산 하나를 넘었다 싶으면 또 산이 떡 버티고 서 있는데 어떻게 넘을 엄두를 내겠어.

북쪽 국경은 좀 달랐어. 너른 초원이 펼쳐져 있었고 유목민들이 초원을 옮겨 다니며 생활하고 있었거든. 기원전후에 중국 북쪽의 초원, 그러니까 지금의 몽골 초원에서 활동하던 유목민은 흉노인데 이들은 중국 땅 안으로 들어와서 필요한 물건과 사람을 약탈해 가곤 했어. 그래서 중국 정부는 백성의 안전과 나라의 평화를 위해서 흉노를 어르고 달래는 일에 열심이었어.

바로 이 시기에 중국의 비단이 중국 바깥으로 나갔어. 국경을 드나드는 일을 자제해 달라는 뜻으로 중국 정부가 흉노에게 선물 보따리를 안겼는데 그 안에 비단 두루마리가 있었던 거야. 이 선물은 중국이 흉노에게 주는 외교 물품이라고 할 수 있었고, 동아시아의 오래된 무역 방식인 조공이라고도 할 수 있었어.

이렇게 해서 비단은 중국 국경을 넘어 흉노와 함께 아시아 초원을 달리게 되었어. 하루 종일 말을 타고 달리는 흉노 사람들이 몸에 착착 감기는 비단으로 옷을 해 입었는지, 스카프와 앞치마를 만들어 둘렀는지는 알 수 없지만 이 정도는 짐작할 수 있지. 흉노가 꼭 필요한 생필품을 얻기 위해서 비단을 썼을 거라는 짐작.

모두 흉노 덕분이었겠지? 기원전 200년 무렵에 파미르 고원과 타클라마칸 사막 너머에 있는 여러 나라에 비단이 등장했어. 웬만해서는 가기 힘들다는 중국 서쪽의 사막과 고원을 비단이 넘은 거야. 흉노가

기원전 200년 무렵에 만들어진 한나라 비단.

중국 정부로부터 받은 비단을 들고 직접 험한 땅을 건넜는지, 장사를 전문으로 하는 어느 부족에게 비단을 통째로 넘겼는지는 알 수 없어. 비단이 중국 국경을 넘는 일에 흉노가 큰 역할을 했다는 것만 분명하다고 해.

중국 바깥으로 나간 비단은 세계 여행이라는 대장정의 첫 발을 뗀 셈이었어. 비단은 이제 비단옷을 입고 싶은 사람을 찾아 고원과 평원을 넘고 사막을 건널 것이며, 비단을 팔아 필요한 물건을 얻고 싶은 여러 유목민들과 함께 먼 길을 나설 거야.

❷ 비단 선물을 받은 파르티아

비단이 중국의 서쪽 국경을 넘은 시기에 중국 대륙에는 한나라가 등장해 있었어. 너른 땅과 앞선 문명, 질서 있는 통치 체계를 갖춘 한나라는 기원전 200년부터 기원후 200년까지 동쪽 세상의 강자로 군림했어. 이런 제국에게 단 하나 걱정거리는 앞서 말한 대로 흉노였는데, 한나라는 흉노에게 선물도 주고 한나라의 공주를 흉노에 시집도 보내면서 평화를 요구했지만 국경 침탈은 끊이지 않았어. 참다 못한 한나라 황제는 이이제이(以夷制夷) 전술을 떠올렸지. 오랑캐(夷)로 오랑캐(夷)를 무찌르겠다는 결심을 한 거야.

중국의 한족은 자기들 말고 다른 민족을 다 오랑캐라고 여겼기 때문에 오랑캐를 굳이 해석하자면 '다른 민족' 정도가 될 거야. 한나라 황제는 흉노의 공격을 받아 땅을 빼앗기고 터전을 통째로 옮긴 '오랑캐' 월지족의 원한을 이용하기로 결심했어. 월지족과 한나라가 동맹을 맺고 흉노에 맞설 생각이었던 거야.

한나라 역사학자 사마천이 쓴 《사기》에 따르면, 황제는 기원전 128년에 신하 장건을 월지에 외교관으로 파견했어. 월지를 찾아 동맹을 맺으라는 임무를 주면서 장건을 보낸 것이지. 하지만 장건은 월지가 어디쯤에 있는지 모르는 채로 출발했고 길을 나선 지 꽤 오랜 시간이 흐를 때까지도 월지가 있는 곳을 몰랐대. 서쪽으로 가다 보면 언젠가는 월지에 이를 거라는 기대를 품고 무작정 서쪽으로 걸어간 거야.

자기 일에 대한 책임감이었을까? 돌아가는 게 더 위험한 일이어서 앞에 놓인 산을 넘고 또 넘었던 걸까? 용감하거나 혹은 무모하게 위험을 무릅쓰는 사람이었기 때문일까? 월지를 찾던 장건은 중국 사람 최초로 파미르 고원을 넘었어. 죽을 고비 살 고비가 끊임없이 이어지는 건 당연한 일이었지.

얼음산인가 싶으면 푸른 초원이 펼쳐지고 초원인가 싶으면 장엄한

중국 둔황 막고굴에 그려진 〈장건출사서역도〉. 한나라 황제 무제의 명을 받고 장건 일행이 길을 나서는 장면을 그린 그림이다.

돌산이 우뚝하고, 평원인가 싶으면 얼음 녹은 물이 다리를 쑥 잡아당기는 땅을 지나 파미르 고원을 드디어 넘은 장건은 지금의 중앙아시아 아프가니스탄쯤에서 월지를 만났어. 임무를 받은 지 참 오랜 시간이 흘렀지만 장건은 잊지 않고 한나라 황제의 뜻을 월지 왕에게 전했고, 흉노에 대한 원한은 오래전에 잊었다면서 한나라와 동맹을 맺지 않겠다는 월지 왕의 답을 들었어. 아무런 성과 없이 월지를 떠난 장건은 머뭇거리지 않고 다시 서쪽으로 나아갔어. 동맹을 맺을 만한 나라가 있는지 더 살펴볼 심산이었지. 그러다가 이란 고원까지 갔고 그곳에서 유목민의 나라 파르티아를 만났어.

이란 고원 너머에 펼쳐진 서쪽 세상이 궁금하긴 했지만 장건은 여기서 멈추었어. 출발하자마자 흉노에게 붙잡혀서 흉노 땅에서 8년을 살았으니까 눈 깜짝할 사이에 10년이 지나간 때였어. 북쪽 길로 월지를 찾아 나섰다가 흉노에게 붙잡힌 악몽을 기억하며 장건은 남쪽 길을 걸어 한나라에 돌아갈 생각이었어. 물론, 한나라로 가는 남쪽 길이건 북쪽 길이건 파미르 고원을 다시 넘어야 했지. 장건은 타클라마칸 사막을 건너고 티베트 고원 아래를 지나 한나라로 가야겠다 생각하고 길을 나섰지만 이번에도 흉노에게 붙잡히고 말았어.

포로 장건이 흉노에서 산 지 1년쯤 지났을 때 흉노의 왕이 죽었고 나라가 어수선했어. 장건은 이 틈을 타서 탈출에 성공했고 한나라에 무사히 돌아왔어. 월지를 만나 동맹을 맺으라는 황제의 뜻을 받고 길을 나선 지 13년이 지난 다음이었지. 귀국한 장건은 그동안 보고 들은 것을 꼼꼼하게 적어 왕에게 바쳤는데, 장건의 출장 보고서는 중국이 한 번도 가보지 못한 고원과 사막 너머 세상에 대한 답사 보고서가 되었지. 장건은, 다양한 민족이 여러 나라를 이루어 산다는 사실을 보고하면서 고원과 사막 어디쯤에 그 나라가 있는지, 나라마다 풍토와 토양, 생활 방식은 어떻게 다른지 빠트리지 않고 기록했어.

장건의 보고서 덕분에 중국 사람들은 파미르 고원 너머에 월지족이 꾸린 나라 대월지와 소월지가 있다는 사실을 알게 되었고, 월지에서 서쪽으로 더 가면 고원이 나오고 그곳에 안식국(파르티아)이 있다는 사실도 알게 되었어. 그리고 한나라의 서쪽 국경을 이루는 엄청나게 높은 산을 넘으면 산으로 둘러싸인 고원이 펼쳐지는데 불타는 모래 언덕이 끝없이 이어지는 이 땅에 차사전국이 있다는 사실도 알게 되었어. 지금은 중국 땅이 된 티베트 지역이 여기야. 한나라와 북쪽 국경을 맞대고 있는 흉노의 영역을 벗어나 서쪽으로 가면 가도가도 모래뿐인 사막이 나오는데 장건은 이 사막에 숨겨진 오아시스 둘레에 대하와 강국을 비롯한 여러 나라가 있다는 사실도 확인했지.

한나라 황제는 장건이 쓴 보고서를 읽고 엄청난 지원군을 얻은 기분이었어. 흉노가 중국과 국경을 맞대고 있는 유일한 나라라고 생각했을 때는 흉노와 관계가 틀어지면 한나라의 평화가 깨진다는 부담감 때문에 이만저만 조심스럽지 않았거든. 한나라 옆에 안식국도 있고 강국도 있고 차사전국도 있다는 이야기를 읽는 순간 숨통이 트이지 않았을까 싶어. 황제는 바로 선물 꾸러미를 준비하기 시작했어. 장건

중국 간쑤성 자위관에 있는 장건 조각상. 서쪽으로 길을 떠나는 모습을 표현했다.

이 들른 나라들에 선물을 보내 한나라의 존재를 알리고 좋은 관계를 맺고 싶다는 뜻을 전하려 한 거야. 한나라와 힘을 합쳐 흉노를 물리칠 생각이 없는지도 다시 묻고 말이야.

선물 꾸러미는 다양한 물건으로 채워졌는데 중국의 대표 옷감 비단도 빠짐없이 들어 있었지. 한나라의 외교관들은 선물을 들고 사막과 고원을 지났어. 서쪽에 있는 여러 나라와 외교 관계를 맺기 위해 길을 만들며 걸어간 것이지. 이때도 한나라 외교관들은 멀고 먼 나라 파르티아까지 갔대.

기원전 120년 무렵에 비단은 지금의 이란 고원까지 간 셈인데 이때 한나라 외교관들이 비단을 들고 걸어간 길이 그 유명한 비단길이 되었어. 중국과 중앙아시아를 잇고 중앙아시아와 서아시아를 잇는 비단길. 비단길은 저 먼 서쪽에 있는 로마 제국까지 이어질 테지만 아직은 이란 땅까지였어. 장건이 처음 이 길을 걸었고 한나라의 외교관들이 사막과 고원을 넘으면서 길을 만들고 다듬어 비단길을 완성했다고 할 수 있어.

원래 처음이 힘들지 그 다음은 좀 쉽잖아. 길을 나서는 것도 그랬어. 중국과 중앙아시아 사이에 길이 만들어지자 비단을 든 한나라의 외교 사절은 해마다 길을 나섰어.

❸ 비단을 팔러 로마에 간 파르티아 상인들

선물 꾸러미를 받은 많은 사람들 가운데 비단을 들고 로마 제국으로 간 이들은 주로 파르티아 인이었어. 이란 고원에 터를 잡고 유목 생활을 하던 파르티아 사람들은 한나라 황제가 선물로 준 비단을 보고 물건이 되겠다 싶었겠지. 비단을 가져다 팔면 필요한 생필품을 얻을 수 있겠다 생각한 거야. 원래 돌아다니며 사는 유목민들의 생활이 그렇거든. 자신들이 직접 생산하지 않기 때문에 교환을 해서 생필품을 얻어야 하는데, 교환을 하려면 목축을 해서 얻은 유제품과 가죽 말고도 더 많은 물건이 필요했지. 그렇다 보니 가끔 약탈도 하고 말이야. 파르티아 사람들은 비단을 들고 로마로 갔어.

로마 제국 사람들은 비단을 세리카라고 불렀어. 파르티아 상인들이 옷감의 이름이 세리카라고 일러 주었거든. 비단을 일컫는 영어 단어 실크의 어원이 바로 이 세리카야. 그런데 파르티아 상인들은 어느 나라 사람이 옷감을 만들었으며 어떻게 만들었는지는 일러 주지 않았대. 요새로 치면 원산지와 제조 방법을 로마 사람들에게 공개하지 않은 거야. 멀리 동쪽에 있는 나라에서 만든 물건이라고 일러 주면서 옷감의 이름도 대충 세리카라고 둘러댔지. 아무 정보도 없는 로마 사람들은 비단 원산지를 세레스라고 부르기 시작했어. 세레스는 로마 말로 '비단 만드는 사람들'이라는 뜻인데 나중에 이 말은 로마 사람들이 중국을 이르는 고유명사가 되었어.

그런데 말이야, 파르티아 상인들은 비단을 모르는 로마 사람이 없을 정도로 꽤 많은 시간이 흐른 다음에도 비단의 원산지와 제조법을 절대 말하지 않았대. 로마 사람들이 묻다가 지칠 정도로 입을 꾹 다물었는데 이건 일종의 생존 본능이라고 할 수 있었어. 생산자가 소비자에게 물건을 파는 직거래가 이루어지면 파르티아 상인은 할 일이 없어지잖아. 파르티아 사람들은 밥줄을 지키기 위해서 상품 생산지를 꼼꼼하게 감췄던 거야.

파르티아 사람들을 빈틈없는 장사꾼으로 만든 건 사실, 그들이 살았던 땅이라고 할 수 있어. 기원전 200년 무렵부터 기원후 200년까지 파르티아가 터를 잡은 곳은 지금의 이란 고원인데 여긴 길목이고 통로거든. 중앙아시아에서 서아시아로 넘어가는 길목이고 아시아 땅 한나라에서 유럽 땅 로마로 가는 통로.

중국 국경을 통과한 다음 북쪽으로 길을 잡아 사막과 고원을 넘으면 지금의 키르기스스탄과 우즈베키스탄이 있는 중앙아시아 평원이 나오고 거기서 남쪽으로 조금만 가면 이란 고원으로 접어드는 거야. 남쪽 길을 걸어 중국을 벗어난다면 티베트 고원을 지나 파미르 고원을 이루는 험준한 산을 만나게 돼. 앞에 있는 산들을 훌쩍훌쩍 넘은 다음 지금의 파키스탄 땅에 도착하고 서쪽으로 길을 걸어 아프가니스탄을 지나면 이란 고원에 도착하는 것이지.

비단을 이고 진 파르티아 상인들은 이 험한 길을 걸어 다시 파르티아 땅에 도착했을 거야. 그리고 큰 숨을 쉬었겠지. 중국에서 구한 비단을 여기까지 가지고 왔다면 아주 성공적이거든. 파르티아에서 서쪽으로 계속 가면 지금의 시리아와 터키가 있는 아나톨리아 반도가 나오는데 바로 여기 아나톨리아 서쪽에 로마가 있었어.

물론, 처음 거래는 선물받은 비단으로 시작했겠지만 비단옷을 입고 싶은 로마 사람들이 늘어서 선물로는 수요를 당할 수 없었을 거야. 파르

파르티아 인을 묘사한 청동 유물.

기원전 100년 무렵의 파르티아 영토

티아 사람들은 고원을 넘고 사막을 건너 한나라에 도착한 다음 값을 치르고 비단을 구했겠지. 어렵게 구한 비단을 가지고 다시 험한 길을 걸어 로마 땅에 들어온 파르티아 상인들은 엄청나게 높은 가격에 비단을 팔았던 거야.

로마의 비단 값은 파르티아 상인 맘대로여서 부르는 게 값이었는데 엄청나게 비싼 가격은 대충 이렇게 정해졌어. 원산지인 미지의 동쪽나라에 지불한 옷감 가격 + 불타는 사막을 건너다 죽은 동료의 목숨 값 + 파미르 고원을 넘은 위험수당 + 도적 떼에게 빼앗긴 비단 값 + 여러 국경을 넘으면서 지불한 통행료 + 파르티아 상인의 인건비 + 비단옷을 꼭 입고 싶은 로마 사람들의 마음 = 어마어마한 가격.

과장이나 은유가 아니야. 로마에서 비단값은 금값과 똑같았대. 하지만 로마 사람들은 비단옷을 입어 행복했고 파르티아 상인들은 두둑한 주머니를 만지며 행복했지.

④ 로마의 행복은 비단옷에서

로마 사람들의 마음속에 비단옷을 향한 열망이 자리잡은 건 기원전 60년 무렵이었어. 집정관 카이사르가 비단옷을 입고 극장에 나타난 그날부터 로마 귀족들은 비단에 사로잡혔거든. 카이사르의 위엄과 품위는 비단이 만드는 우아한 실루엣과 광채 덕분인 것 같았지. 그러다가 귀족들은 비단옷을 입으면 없던 권력도 만들어지는 건 아닐까 하는 마음을 품은 것 같아. 파르티아 상인들이 파는 옷감 세레스를 구하기 위해 로마 귀족들이 움직이기 시작했거든.

유행은 그렇게 만들어졌어. 카이사르와 똑같은 옷감을 걸친다는 우쭐한 기분이었을까, 로마 사람들은 앞다투어 비단을 구해서 옷을 만들어 입었어. 몸을 적당히 감싸고 광채가 난다는 건 알고 있었지만 직접 입어 보니까 가벼운 데다 질기기까지 한 거야. 비단과 견줄 수 있는 옷감은 세상 어디에도 없는 것 같았지. 아마포와 양모로 만든 옷을 입던 로마 사람들은 이제 비단으로 만든 옷이 아니면 눈길도 주지 않게 되었어. 비단은 로마 사람들의 생활을 통째로 바꾸었고 삶의 만족도를 한 차원 높였던 거야.

로마 사람들이 비단옷을 입을수록 금과 은은 로마를 빠져 나갔는데 급기야는 비단 때문에 나라가 망할 지경이라는 이야기가 돌았어. 로마의 철학자 세네카는 비단이 한창 유행이던 58년에 《행복한 삶에 관하여》라는 책에서 비단 이야기를 꺼냈지.

"비단은 신체를 보호할 수도 없고 부끄러움조차 가리지 못하는 옷이다. 비단옷을 입은 여성들은 마치 자신이 벌거벗고 있는 게 아닌가 하는 느낌마저 받는다. 그런데 여성들은 자신의 몸매를 드러내기 위해 막대한 돈을 들여가며 상인들을 부추겨 이 옷감을 먼 미지의 나라에서 가져오게 한다."

로마의 철학자 세네카 조각상.

세네카는 순간의 쾌락이 주는 만족과 기쁨 말고 지속적인 행복을 찾아야 한다면서 비단옷 이야기를 펼쳤어. 좋은 옷을 입고 느끼는 행복감은 순간의 쾌락이라는 말을 한 것이지. 그런데 로마 사람들은 나날이 어려워진다는 나라의 형편을 모른 체할 수도 없었지만 비단옷을 벗을 생각도 없었대. 그래서 생각한 방법이 원산지 직접 구매야. 비단을 만드는 나라 세레스에 가서 옷감을 사면 비단옷을 입기 위해 엄청난 돈을 쓰지 않아도 되겠다는 생각을 한 거야.

⑤ 비단이 오가는 길은 영업 비밀

직접 구매는 여러 문제를 한 방에 해결할 묘수였지만 딱 하나 문제가 있었어. 로마 사람 누구도 세레스로 가는 길을 모른다는 것. 파르티아 상인들의 입은 정말 무거워서 세레스에 대한 정보를 하나도 흘리지 않았거든.

파르티아 상인들의 장사꾼 기질은 중국에서도 발휘되었어. 막대한 양의 비단을 로마 사람들에게 판다는 사실은 이야기했지만 로마에 대해서는 입을 꾹 다물었지. 상품 생산자와 소비자가 연결되는 일을 막기 위해서 엄청나게 노력한 거야.

중국의 비단이 로마로 간 지 100년쯤 지났을 때야. 로마에 대해 이런저런 생각을 하던 중국의 황제는 파르티아 상인을 거치지 않고 비단을 팔아야겠다는 결심을 했어. 그렇게 하면 나라에 돈이 모이겠다는 생각도 있었지만 서쪽 먼 곳에 있다는 나라 로마를 눈으로 확인하고 싶은 마음이 컸어. 한나라 황제는 그래서 외교관을 파견하기로 했지. 한나라 사람 감영은 로마를 찾아가 외교 관계를 맺으라는 임무를 안고 97년에 길을 나섰어.

감영은 산을 넘고 사막을 지났어. 한나라와 파르티아는 조공을 주고받는 관계니까 길은 험했지만 무사히 파르티아 땅에 도착했어. 그리고 안심했지. 로마를 안방처럼 드나든다는 파르티아 상인들이니 이들에게 길을 물으면 쉽게 갈 수 있겠다 싶었던 거야.

과연, 친절해 보이는 파르티아 사람은 감영에게 길을 일러 주었어. 항구에서 배를 타고 남쪽 바다로 나가면 큰 바다를 만난다는 거야. 거기서 다시 남쪽으로 항해하다가 땅과 땅 사이에 있는 좁은 바다가 보이면 물을 따라 끝까지 올라가라 했어. 그 바다가 끝나는 곳에 로마가 있다는 말이었지. 그리고 이런 말을 덧붙였어. 부지런히 가면 2년 후에는 로마에 도착할 수 있지만 광대한 바다는 사람을 삼킬 수도 있다! 설명을 다 들은 감영은 바다를 물끄러미 바라보다가 큰 결심을 했어. 로마에 가지 않겠다는 결심.

감영이 소개받은 길은, 호르무즈 해협을 지나 아라비아 반도를 빙 돌아 항해하여 홍해를 타고 가는 길이었는데 이렇게 항해하면 로마에 도착할 수 있었지만 파르티아 사람 누구도 이용하지 않는 길이었어. 지금의 이란 고원을 넘으면 로마가 있는 아나톨리아 반도에 닿는 아주 쉬운 땅길이 있었기 때문에 굳이 배를 탈 필요가 없었던 것이지. 맞

아, 그거야. 파르티아 인들은 한나라 외교관이 로마에 가지 못하도록 막은 거야. 가지 말라는 말을 대놓고 하기는 좀 그러니까 무시무시한 길을 일러 주면서 스스로 포기하게 만든 거야.

감영이 로마 찾기를 포기하고 귀국한 다음 한나라의 황제도 로마로 가는 길 찾기를 포기했어. 파르티아 상인에게 비단을 팔고 그들이 들고 오는 로마의 유리병과 장신구를 보는 것으로 만족했을 거야.

비단을 들고 중국과 로마를 오가는 건 여전히 파르티아 상인뿐이었어. 중국과 로마를 잇는 비단길을 홀로 걷는 특권을 누리기 위해 파르티아 사람들이 노력한 결과라고 할 수 있는데, 밥줄이고 생명줄인 비

200년 무렵 만들어진 로마의 유리병(왼쪽).
파르티아와 로마의 전투를 새긴 부조(오른쪽). 파르티아와 로마는 여러 차례 전쟁을 벌였다.

단길이니까 온 힘을 다해 지켰던 거야. 그렇게 시간은 흘렀고 비단길 지도를 품에 꼭 안은 파르티아는 226년에 역사에서 사라졌어.

⑥ 비단길의 새로운 주인

중국과 로마를 잇는 길목에 위치한 이란 고원의 운명이었을지도 몰라. 파르티아가 망한 다음에 이 땅에 들어선 페르시아 사람들도 똑같은 일을 했어. 중앙아시아와 아라비아 반도까지 세력을 넓힌 제국 페르시아는 역시나 비단길을 독점하려고 했어. 파르티아 사람들처럼 로마로 가고 싶은 중국을 막았고, 파르티아 사람들처럼 중국으로 가고 싶은 로마에게 길을 내주지 않았지.

그러다가 로마는 동로마와 서로마로 갈라졌고 서로마는 476년에 그 역사를 마감했어. 이제 로마는 콘스탄티노플을 수도로 삼은 동로마 하나였어. 페르시아는 혼란스러운 로마를 보면서 제국다운 생각을 품었어. 비단을 팔아 돈을 챙기는 것보다 훨씬 큰 일, 동로마 정복을 꿈꾼 거야.

528년과 540년에 페르시아와 동로마는 전쟁을 벌였는데, 이기고 진 나라가 따로 없는 전쟁으로 기록되었지만 아나톨리아 평원의 동쪽 절

반이 페르시아 땅이 되었으니까 페르시아가 이익을 챙긴 전쟁이 분명했지. 게다가 전쟁 후에는 두 나라 사이에 찬바람이 불어 모든 교류가 중단되었어. 동로마에 있던 비단 시장도 폐쇄되었지.

몸에 밴 취향을 버리는 건 정말 힘들잖아. 고운 비단옷에 길들여진 동로마 사람들은 백성들에게 비단도 주지 못하는 나라와 황제를 원망하기 시작했어. 바로 이 시절에 비단을 들고 동로마 황제를 방문한 이가 있었는데 돌궐의 사신 마니악이었어.

돌궐은 유목민이 세운 나라 이름이자 부족 이름이야. 지금의 몽골 고원에 터를 잡았으니까 중국 대륙의 새 주인이 된 당나라 북쪽에서 움직였지. 돌궐은 말을 타고 초원을 달리면서 호탄과 카슈가르 같은 도시를 자신의 땅으로 삼기도 했는데 하필 이곳은 비단을 든 상인들이 오가는 길목이어서 돌궐 사람들은 앉아서 국제 정세와 세계 비단 시장의 흐름을 꿰뚫는 경지에 이르렀어.

마니악은 중앙아시아에서 활동하는 노련한 상인이자 유능한 외교관이었어. 그는 소그드 인이었는데, 동로마의 말과 돌궐의 말을 할 수 있었으며 중국 말도 잘해서 비단 관련 일을 하기에 딱 어울리는 인물이었지. 돌궐 정부는 마니악을 비단 관련 로비스트이자 외교관으로 임명했어. 그리고 568년에 비단을 간절하게 기다리는 동로마에 마니악을 파견했지.

마니악은 유스티아누스 황제에게 물었어. 돌궐이 중국의 비단을 가져오면 살 마음이 있는가? 동로마와 돌궐이 힘을 합쳐 페르시아를 견

당나라 도자기 당삼채. 당나라와 로마를 오가며 장사를 한 소그드 인 상인과 낙타를 표현했다.

제하면 어떻겠는가? 마니악은 동로마에 당장 필요한 것 두 가지를 주겠다고 제안한 셈이니까 황제의 답은 뻔했지. 유스티아누스는 조금도 망설이지 않고 돌궐의 손을 잡았어.

새로운 세상은 이렇게 열렸어. 이제 로마 사람들에게 비단을 파는 건 돌궐의 관리를 받는 중앙아시아의 상인들이었어. 이들은 중국의 비단 시장에서 물건을 산 다음 산을 넘고 사막을 건너 동로마로 가는 긴 여정을 시작했어. 비단길 관리자인 돌궐 사람들은 험한 지형과 페르시아의 위협으로부터 비단 상인들의 안전을 지켜주었고 그 대가로 통행세를 받았지. 이제 로마로 가는 길을 모르는 중앙아시아 사람은 없었어. 비단을 만드는 사람들만 로마로 가는 길을 모르는 채 당나라의 비단은 로마로 흘러들어 갔는데 이런 시절이 630년까지 이어졌어.

⑦ 비단길을 완성한 당나라

7세기 지구에서 여러 나라 사람들이 비단옷을 입었지만 옷감을 만드는 건 오직 당나라 사람들이었기 때문에 장사 좀 한다는 이들은 당나라의 수도 장안에 모였어. 장안은 말 그대로 국제도시가 되었고 당나라는 여전히 세계 최강국이었지. 평화와 풍요를 누리는 당나라 사람들에게 마뜩잖은 일은 딱 하나였는데, 비단을 만들지도 않는 돌궐 사람들이 돈을 참 많이 번다는 사실이었어.

당나라는 630년에 돌궐을 공격했고 돌궐은 무너졌어. 100년쯤 후에는 서역 정벌이라고 불리는 어마어마한 사업을 시작하는데, 당나라 영토를 넓히는 일이자 비단이 지나가는 길목을 확보하기 위한 전쟁이었지. 당나라의 서역 정벌 책임자는 고구려의 유민으로 당나라의 장수가 된 고선지였어. 고선지는 나라의 서쪽 국경을 튼튼하게 하라는 명령에 따라 전쟁을 시작했고, 토번을 비롯한 파미르 고원 언저리에 있는 72개 나라를 정복했어. 한 번도 넘기 힘들다는 파미르 고원을 네 번이나 오르내리며 전쟁을 치른 고선지 부대의 활약 덕분에 당나라는 740년 무렵, 사막과 고원 언저리에 있는 땅 모두를 영토로 갖게 되었지. 이때 만들어진 국경이 지금까지 중국의 서쪽을 가르고 있어.

나라 서쪽에 있는 땅들을 모조리 차지한 당나라는 이제 비단길을 직접 관리하게 되었어. 비단을 들고 중국 국경을 넘나드는 사람과 물건에 대해 세금을 거두면서 비단길의 안녕과 나라의 풍요를 지켰던 것이지. 비단이 중국 국경을 넘어 로마로 간 지 1,000년쯤 지나서 비단길에 평화가 깃든 셈인데 그 덕분에 아시아와 유럽은 시원하고 안전하게 통하였어.

아시아와 유럽, 그러니까 중국과 로마는 비단을 주고받으면서 서로를 궁금하게 여긴 사이야. 딱 거기까지였지. 비단을 비롯한 중국의 물건들이 비단길을 지나갔지만 중국 사람은 로마에 가지 않았고, 비단으로 옷을 만들어 입었지만 중국에 간 적이 없기는 로마 사람도 마찬가지였으니까. 두 나라를 부지런히 오간 상인들 덕분에 중국과 로마

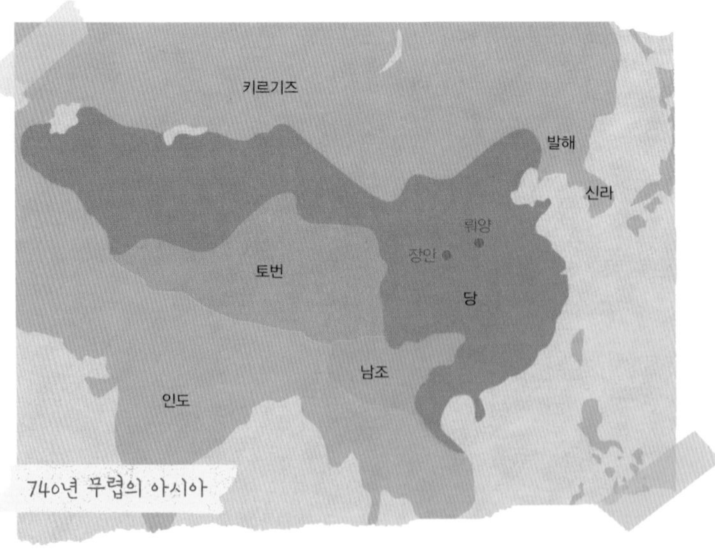

740년 무렵의 아시아

가 통하였고 세계의 문화와 유행이 만들어졌다고 할 수 있어. 이런 시절은 당나라의 역사가 막을 내리는 900년 무렵까지 이어지다 중단되었는데, 중국 대륙의 새로운 주인이 된 송나라는 나라 밖 세상과 통하는 일에는 흥미가 없었기 때문이지. 기원전 200년부터니까 1,000년 남짓 동쪽 세상과 서쪽 세상을 연결했던 비단길은 일단 끊겼어. 중국의 서쪽 국경을 넘어 다른 세상으로 가는 일은 이제 불가능해진 거야.

⑧ 카라코룸 하이웨이가 된 비단길

세계의 지붕 파미르 고원은 지금 중국의 서쪽 국경이고 아프가니스탄, 타시키스탄, 파키스탄도 파미르 고원에 닿아 있어. 거대한 산맥들이 지구의 주름처럼 이어져 있는 파미르 고원 동쪽 끄트머리에는 카라코룸 산맥이 있는데 파키스탄과 중국은 이 산맥의 꼭대기쯤에 있는 쿤자랍 고개를 국경으로 삼고 있어. 좀처럼 넘기 힘든 산을 넘고 또 넘어야 다른 세상으로 갈 수 있었던 중국과 파키스탄은 1960년에 산맥을 통과하는 고속도로를 만들자는 엄청난 계획을 세우고 공사를 시작했는데 길이 완성된 때는 1980년이었어.

카라코룸 산맥을 넘는 길이어서 카라코룸 하이웨이(KKH)라고 불리

중국과 파키스탄을 잇는 고속도로 카라코룸 하이웨이. 험악한 산맥을 넘어 다른 세상으로 가는 통로가 되어 주는 길이다.

는 이 길은 총 길이 1,380킬로미터이고 중국 땅 카슈가르와 파키스탄 땅 이슬라마바드가 기점이야. 거대한 산이 한눈에 담길 정도로 멀찍이서 길을 보면 산 아래에 길고 가는 홈이 나 있는 것 같지만, 사실 카라코룸 하이웨이는 끝이 보이지 않을 정도로 높은 산과 낭떠러지 사이에 난 아주 아찔한 길이야. 그리고 눈이 내리지 않는 5월부터 11월까지만 다닐 수 있는 길이지.

천 년도 훨씬 전에 중국을 벗어난 비단이 서쪽으로 여행한 길을 따라 가려면, 그러니까 비단길을 가려면 국경을 넘어 달리는 버스를 타는 게 좋아. 중국의 카슈가르에서 오후 한 시쯤 출발하는 국경버스를 타면 카라코룸 하이웨이를 달려 다음 날 오후에 파키스탄에 도착할 수 있거든. 파키스탄에서도 국경버스를 타면 이란에 도착할 수 있고, 이란에서 시리아를 지나 터키로 가는 길도 잘 닦여 있지. 터키의 수도 이스탄불은 동로마 제국의 수도였으니까 지금 터키 땅까지 가면 비단길 끝까지 온 셈이야. 각 나라 입국 허가증인 비자만 있다면 지금도 중국에서 로마까지 땅길로 갈 수 있다는 이야기야.

가도 가도 끝나지 않는 산줄기 앞에 서면 비단을 지고 이 땅을 지났던 상인들의 마음을 헤아릴 수 있을까? 휘몰아치는 모래바람 앞에 서면 로마에서 비단값이 왜 금값이었는지 이해할 수 있을까? 거칠고 황량한 이 땅에 길을 낸 건 좋은 옷에 대한 열망이었어. 비단옷을 입고 싶었던 로마 사람들의 마음이었지. 그리하여 부드러운 비단이 사막을 가르고 산을 뚫었어.

5

지중해와 태평양을 오간 몽골의 길

몽골 부족 사람들은 아시아 북쪽 고비 사막 너머에서 유목 생활을 하고 있었어. 하늘과 모래만 펼쳐지는 아찔한 풍경이 끝나는 곳에 하늘과 풀만 보이는 아득한 초원이 이어졌는데 이곳에서 말 달리고 살던 유목민이 몽골 사람들이야.

1206년에 몽골 사람들이 나라를 만들었어. 떠돌아다니며 사는 유목민으로서는 획기적인 삶의 전환이었는데 이것이 새로운 세상을 만드는 시작이었어. 아시아의 북쪽 끄트머리 초원에서 나라를 시작한 이들은 중국 대륙의 동쪽 끝으로 가서 태평양 앞에 섰고, 서쪽으로 말을 달려 유럽 한복판으로 들어갔어. 그리고 더 나아가 지중해를 바라봤지.

몽골 나라 사람들이 쉬지 않고 길을 간 결과 아시아와 유럽이 한 덩어리가 되고, 세상의 모든 사람과 물건이 통하는 세계 제국이 만들어진 거야. 이전에도 없었고 앞으로도 없을 엄청난 나라 몽골 제국이 말을 달린 길 이야기를 시작할게.

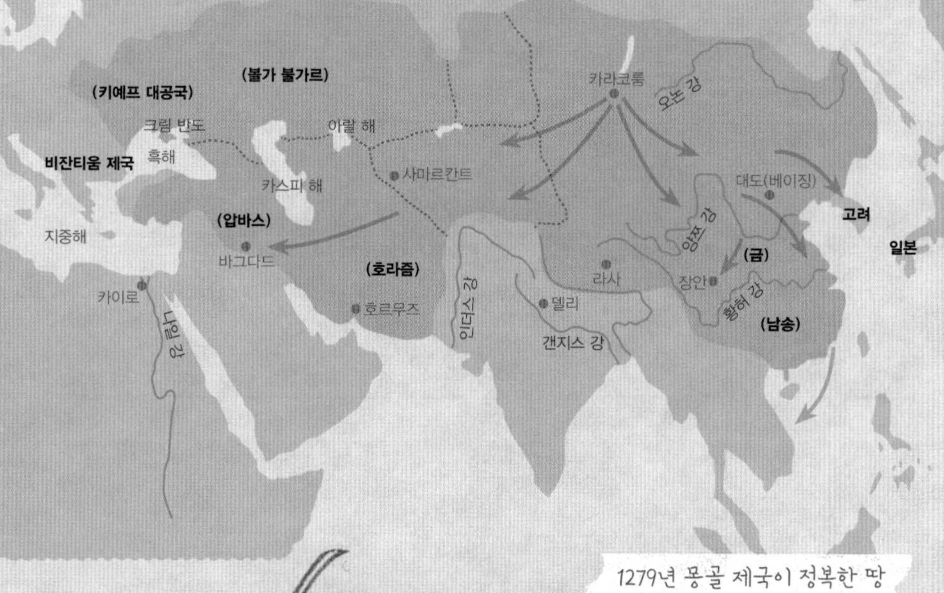

1279년 몽골 제국이 정복한 땅

몽골 제국의 영토
( ) 몽골에게 정복된 나라들
····· 칭기즈칸의 후손들이 나누어 통치한 경계

❶ 오논 강의 유목민, 나라를 세우다

부르칸 칼둔은 몽골의 북동쪽 끄트머리쯤에 있어. 칼둔은 돌산이라는 뜻을 가진 몽골 말이니까 부르칸 산이라고 할 수 있는데, 부르칸이 여간 오묘한 말이 아니야. 창조주라는 뜻이기도 하고 샤먼의 영혼이라는 뜻도 있대. 그러니까 부르칸 칼둔은 참으로 신성하고 신비한 산이라는 말이지.

이 부르칸 산에서 시작하는 강줄기가 셋인데 그중 하나가 오논 강이야. 몽골의 북쪽 초원을 흐르다가 북동쪽으로 가서 중국 땅을 적신 다음 러시아의 도시 하바롭스크를 지나 오호츠크 해로 빠져나가. 몽골 땅에서 시작한 오논 강을 러시아 사람들은 아무르 강이라 부르고 중국 사람들은 헤이룽 강이라고 불러. 우리는 이 강을 흑룡강이라 부르지. 일제 강점기에 독립운동가들이 나라를 찾기 위해 목숨 걸고 일을 도모하던 지역이 바로 여기 흑룡강 하구인 연해주야.

오래전부터 부르칸 산 아래 오논 강가에서 살던 유목민이 있었어. 산 아래 펼쳐진 너른 초원을 옮겨 다니면서 게르를 펼치던 몽골 부족 사람들인데, 이들은 지평선부터 지평선까지를 가득 채우는 푸른 하늘 아래서 말 달리는 게 일이자 생활이었어. 가축이 먹을 풀을 찾고 생활에 필요한 물건을 찾으려면 초원의 이쪽 끝에서 저쪽 끝까지를 오가야 했거든.

부르칸 칼둔(위)과 오논 강(아래).

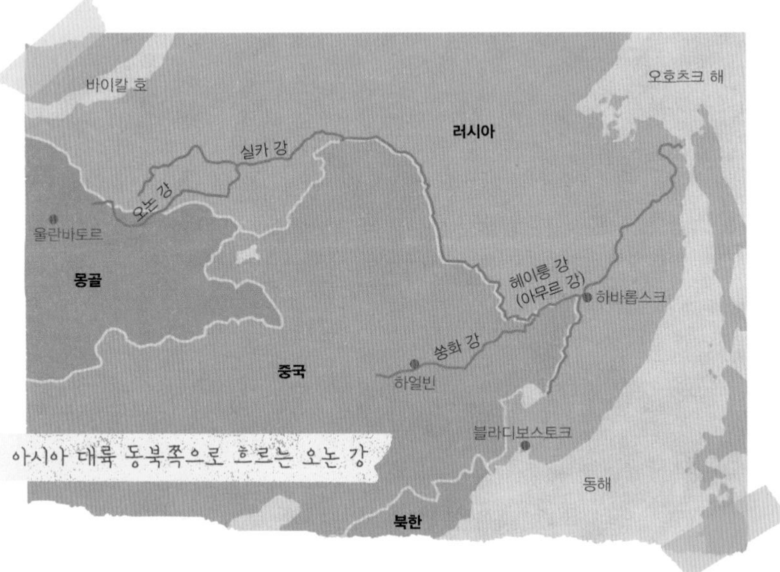

아시아 대륙 동북쪽으로 흐르는 오논 강

한나절 말을 달려 필요한 생필품을 가진 다른 부족을 만나면 행운이었지만 그게 뜻대로 되는 건 아니었어. 몇 날 며칠 말을 달렸지만 꼭 필요한 물건을 찾지 못할 수도 있고, 물건은 있지만 교환이 이루어지지 않을 때도 있었어. 생산 활동을 하지 않는 유목민은 언제든 떠날 수 있는 자유와 늘 부족한 결핍을 동시에 지닌 사람들이었던 거야. 그래서 약탈은 유목민의 생활 방식 가운데 하나였어. 교환하거나 구매할 수 없으면 생존을 위해서 물건을 훔쳤는데 약탈의 대상이 사람일 때도 있었어. 그리고 약탈 다음에는 빼앗긴 것을 되찾기 위한 반격이 뒤따랐지. 유목민 부족 사이의 공격과 반격, 그러니까 전쟁 같은 싸움은 삶의 일부와도 같았던 거야.

테무친은 필요한 것을 찾아 초원을 내달리며 공격과 반격의 생활을 반복하는 몽골 부족 청년이었는데, 스물일곱 살에 엄청난 시련을 겪었어. 다른 부족 사람들이 테무친의 부인을 약탈한 거야. 테무친과 친구들은 빼앗긴 여성을 되찾기 위해 싸움을 벌였지. 결국 되찾았지만 모두에게 참으로 힘든 시간이었어.

테무친은 이 일을 마무리한 다음 약탈과 반격은 반드시 사라져야 한다고 생각하면서 싸움 없는 유목민 세상을 만들려면 무엇을 해야 하는지 친구들과 고민했대. 그리고 결론을 내렸지. 초원의 별처럼 흩어진 부족들을 하나의 테두리로 묶어야 한다, 그럼 싸움이 멈출 것이다! 그리하여 테무친은 태어나서 처음으로 자기 부족의 영역을 벗어났대. 싸움을 멈추기 위한 싸움을 시작하기 위해 길을 나선 것이지.

테무친과 친구들이 초원의 부족들을 통일하기 위해 전쟁을 시작한 해가 1189년이었어. 전쟁과 설득을 마치고 전체 몽골 부족을 하나의 테두리로 묶은 게 1206년이야. 몽골 부족들이 넓은 초원에 흩어져 살았기에 그만큼 오랜 시간이 걸렸지. 오논 강 아래 빈데르솜에서 초원의 모든 부족 대표가 참가하는 부족장 회의(쿠릴타이)가 열렸고 이 자리에서 '예케 몽골 울루스' 그러니까 큰 몽골 나라를 만든다고 선포했어. 테무친은 큰 몽골 나라를 대표하는 '칭기즈칸'이 되었지.

❷ 카라코룸에서 출발한 칭기즈칸

큰 몽골 나라의 땅은 남쪽의 고비 사막에서 북쪽의 툰드라 지역까지, 동쪽의 만주 벌판에서 서쪽의 알타이 산맥까지였어. 아시아 대륙의 북쪽 전체가 몽골 영토였던 셈인데 대개 초원이었고 사람보다 동물이 더 많이 사는 땅이었어.

나라를 꾸리긴 했지만 몽골 사람들은 삶의 방식과 태도를 바꾸지 않았어. 필요한 것을 찾아 길을 나서는 유목 생활은 계속되었고, 여전히 땅을 소유하지 않았으며, 농사를 비롯한 생산 활동을 하지 않았지. 나라 안에서 약탈과 전쟁은 사라졌지만 부족한 생활은 여전했던 거야. 엎친 데 덮친 격으로 가뭄이 시작되어서 북쪽 끄트머리 땅부터 풀과 물이 마르고 있었지.

칭기즈칸은 큰 나라의 생존을 책임지는 사람이어서 여간 고민이 아니었는데 한참을 생각한 끝에 내린 결론이 수도 이전이었어. 나라의 중심을 남쪽으로 옮기기로 한 것이지. 몽골의 영역이었지만 다른 세상으로 건너가는 길목이어서 게르를 펼친 적이 없는 땅이고, 유목민들의 고향 부르칸 산과 오논 강에서도 멀리 떨어진 곳, 카라코룸으로 수도를 옮겼어.

풀이 자라는 땅으로 오긴 했지만 여전히 생필품이 부족한 시절이었어. 물자가 넉넉한 나라를 찾아 초원의 물품들과 교환하지 못하면 생

세계 역사상 가장 넓은 영토를 지녔던 몽골 제국의 초대 칸, 칭기즈칸.

존과 생활이 어려운 시절이었지. 칭기즈칸을 비롯한 나라의 청년들은 교역 상대를 찾기 위해 밤낮으로 말을 달렸어. 이런 시절에 반갑게도 외교 사절 한 팀이 몽골을 찾아왔는데, 이 사람들이 참 어처구니가 없었대.

이들은 원래 만주 숲에서 살던 여진족이야. 하늘을 향해 쭉쭉 뻗는 침엽수 우거진 수풀이 이들의 사냥터이자 집이었어. 사냥을 주로 하고 추위가 풀리는 여름에는 숲을 태워 만든 농경지에서 농사를 짓는 정착민이었지. 숲에서 살던 여진족이 차츰 서쪽으로 이동을 하더니 결국 중국 대륙 북쪽을 차지했어. 그리고 금나라를 선포했지. 여기까지는 있을 법한 사건이지만 이들이 몽골을 찾아온 이유가 정말 어이없었어. 금나라는 몽골에게 복종을 요구했거든.

큰 몽골 나라는 그래서 첫 번째 전쟁을 시작했어.

1211년, 소고기를 찢어서 말린 다음 가루로 빻은 음식인 보르츠 두 자루씩을 말에 묶고 몽골 기병 6만 5,000명이 카라코룸을 출발했어. 병사들은 쉬지 않고 거칠고 메마른 땅 고비 사막을 건너 드디어 목적지에 도착했지.

몽골 병사들은 혼란을 야기한 다음 두려움을 일으키는 전술을 쓰면서 금나라의 수도를 향해 나아갔어. 이들의 중요한 전술은 마을 하나를 공격하여 주민들을 도망치게 만드는 것. 도망친 주민들은 피난민이 되는데 피난민들이 전파하는 소문이 전술의 핵심이야. 공격과 피난 이야기는 당연히 부풀려지고 사람들은 공포에 질려. 두려운 사람들은 급하게 짐을 챙겨 마을을 떠나는데 이들이 도착하는 곳에서는 또 혼란이 일어나지. 시간이 지날수록 공포는 확대되고 몽골 병사들은 텅 빈 마을을 줄줄이 접수하는 거야. 공격하지 않고 이기는 싸움을 하면서 몽골의 병사들은 나아갔는데 걸림돌은 좀 엉뚱한 곳에 있었어.

금나라 땅에서 풀밭 찾기가 정말 어려웠던 거야. 몽골 기마군에게 사람만큼 중요한 전력이 말인데 금나라에는 말이 먹고 쉴 만한 풀밭이 없었어. 볼록한 흙더미 아래 움푹 패인 고랑, 또 볼록한 흙과 움푹한 고랑…… 이런 땅이 넓게 펼쳐져 있어서 몽골 병사들은 참으로 안타까운 마음이였대. 왜 일부러 풀을 뽑았을까? 왜 멀쩡한 땅을 올록볼록하게 만들었을까? 태어나서 처음으로 농경지를 본 몽골 유목민들은 어이가 없었대.

또 다른 걸림돌은 건물이었어. 거침없이 나아가던 몽골 군대는 우뚝 우뚝 버티고 선 성채 앞에서 말을 멈추었어. 초원에는 없는 구조물이었기 때문에 몽골 병사들은 그것을 어떻게 공격해야 하는지 몰랐거

옛 그림에 나타난 몽골 기마병. 말을 달리며 활을 쏘는 몽골 병사들은 위협적인 존재였다.

든. 그래서 건물이 나타나면 일단 말머리를 돌렸지.

몽골 군대는 엄청난 문화 충격을 받았지만 농경지와 성채는 사소한 걸림돌이었는지 결국 금나라 왕이 항복했고 1214년에 전쟁이 일단 멈추었어. 승리한 몽골은 패배한 금나라에게 두 가지를 요구했어. 몽골에게 복종할 것과 복종의 증거로 조공을 바칠 것. 친절한 유목민들은 조공품은 황금과 비단이어야 한다고 정확하게 밝혔지. 무엇과도 교환할 수 있는 물건을 달라고 한 거야. 그리고 황실에서 일할 사람을 추가로 요구했어.

어차피 땅을 차지하려고 시작한 전쟁이 아니었으니까 비단과 황금이 수레에 가득 실리자 몽골 사람들은 금나라 땅을 출발하여 카라코룸으로 떠났어. 성을 쌓는 기술자와 학자도 큰 몽골 나라로 데려갔지. 금나라가 그 뒤로도 조공 약속을 꼼꼼하게 지킨다면 몽골 기마부대의 공격은 이제 없을 터였어.

❸ 호라즘으로 간 칭기즈칸

가뭄에 단비 같은 물건들이 초원에 도착한 다음 칭기즈칸과 몽골 사람들은 궁핍하지 않은 유목 생활에 대해 고심한 것 같아. 정착민 세상에는 물건이 넘쳐난다는 사실을 금나라에서 확인한 다음이니 떠돌아다니는 삶이 과연 진리인지 뿌리부터 살피게 된 거야. 그래도 결론은 유목이었어. 단, 생존이 가능하고 지속이 가능한 유목이어야 했지. 몽골 사람들은 더 열심히, 부지런하게 교역을 하기로 마음먹었어.

필요한 것이 있으면 길을 떠나 구하는 것이 유목민의 방식이니까 새로울 것은 없었지만 나라가 꾸려진 마당이니 이제 교역은 경제 문제이자 외교 문제가 되었어. 그리하여 병사들은 몽골을 정식으로 소개하고 교역을 청할 사절단과 함께 둘레 나라들을 향해 말을 달리기 시작했지. 그런데, 그런데 말이야, 대부분의 나라가 몽골 사람들을 환영하지 않았어. 지축을 울리는 말발굽 소리가 문제였을까? 다른 나라 사람들은 침략자가 나타난 것처럼 경계했어. 낯선 생김새와 옷차림 때문이었을까? 다른 나라 사람들은 이방인을 확인하자마자 문을 닫았지.

알 수 없는 푸대접이 계속되더니 호라즘에서 드디어 문제가 터졌어. 중앙아시아에서 아라비아 반도로 가는 길목에, 그러니까 지금의 우즈베키스탄과 투크르메니스탄이 있는 지역에 호라즘이 있었는데, 비단길의 핵심 지역에 자리한 덕분에 부유하고 풍요로운 나라였어. 몽골 사람들이 도착했을 때 이 나라의 영토는 인도에서 아나톨리아 반도까지였으니까 중앙아시아에서는 물론 이슬람 세상에서도 크고 부유한 나라였지. 게다가 수도 부하라는 이슬람 천문학과 수학, 의학의 중심지여서 이 나라 사람들의 자부심은 대단했어.

몽골은 사절과 군대를 호라즘에 보내 통상과 교역을 요구했어. 세계 최고 나라의 오만이었을까? 호라즘의 왕은 몽골의 사절과 병사들을 죽인 다음, 몽골 사람들이 영혼이 깃드는 곳이라고 믿는 시신의 얼굴까지 훼손했대.

호라즘에서 벌어진 일은 바로 몽골에 전해졌고 나라 전체가 분노에 휩싸였어. 나라를 책임지는 칭기즈칸은 1219년에 직접 군대를 이끌고 서쪽으로 말을 달렸어. 800킬로미터를 달려온 칭기즈칸은 곧장 부하

몽골과 호라즘의 전투를 기록한 옛 그림.

라에 가서 몽골인의 영혼을 파괴한 호라즘의 권력자들을 처단했지. 평화적인 통상 요구에 폭력으로 답을 한 호라즘의 최후는 말할 수 없이 처참했는데 호라즘의 지리학자는 전쟁을 이렇게 기록했어. “종이에서 글을 지워 버리듯이 땅에서 사람들을 없애 버렸다.”

이것이 몽골의 첫 번째 정복이었어. 결국 3년여에 걸친 공격과 침탈로 중앙아시아의 최강국이었던 호라즘은 역사에서 그 이름이 지워졌고 이 땅의 사람들은 뿔뿔이 흩어졌어. 멸망한 나라 호라즘은 알고리즘이라는 단어 하나를 남기고 사라졌는데, 호라즘 앞에 정관사 ‘알’을 붙여 만들어진 단어라고도 하고, 호라즘의 수학자 콰리즈미의 이름에서 유래한 단어라고도 하지. 알고리즘은 문제를 해결하는 절차나 방법을 이르는 말이며 수학에서 풀이법을 뜻하는 단어로도 쓰이고 있어.

앞으로 이어질 모든 정복은 몽골 사람들을 자극한 호라즘 때문이었을까? 다정하고 평화롭게 교역을 하고 싶었으나 이건 불가능하다는 사실을 호라즘에서 확인한 칭기즈칸과 몽골의 전사들은 세계를 향한 대장정을 시작했어.

④ 유럽으로 가서 러시아를 경영하다

호라즘을 무너뜨린 칭기즈칸은 몽골의 황궁으로 돌아가지 않았어. 아시아와 유럽을 잇는 길목이자 중앙아시아와 서아시아를 연결하는 통로가 바로 여기라는 걸 알았던 칭기즈칸은 공을 들여서 이 땅을 되살렸어. 사람과 말이 살기 좋은 땅으로 가꾸면서 물건을 실은 수레가 오가기 좋은 길로 만들었던 거야. 그리고 이곳 호라즘에서 칭기즈칸의 기마부대는 사방으로 말을 달렸어. 지금의 아프가니스탄과 이란 지역으로 가서 지배자들을 무릎 꿇린 다음 평화로운 관계를 위한 복종과 조공을 약속받았어. 말하자면 정복이지.

유목민들의 터전이 있는 몽골 초원과 풍요로운 중앙아시아와 서아시아 지역을 연결하는 작업이 마무리될 즈음에 칭기즈칸은 새로운 출정 명령을 하나 내렸는데, 그게 말이야, 무모해 보이기도 하고 불가능해 보이기도 했어. 호라즘의 서쪽 국경이며 이란의 북쪽 국경과도 같은 캅카스 산맥을 넘어 교역 길을 만들라는 명령이야.

캅카스 산맥도 산맥이었지만 산이 있는 땅으로 가기 위해서는 아시아와 유럽을 가르는 바다 같은 호수 카스피 해와 아랄 해를 빙 둘러 가야 했어. 그러고 나서도 눈 말고는 보이는 게 없는 산줄기를 따라가야 하는 험난한 길이었어. 그런데 말을 탄 몽골의 병사들은 정말로 캅카스 산맥을 넘어 새로운 땅 유럽 평원에 도착했어.

그리고 정말 다른 역사가 시작되었지. 1223년에 유럽 평원에서 말을 달리기 시작한 몽골 병사들은 서쪽으로 나아가면서 러시아 공국에 속했던 나라들을 하나씩 정복한 다음 흑해에 닿았거든. 그리고 드

흑해와 카스피 해 사이에 있는 캅카스 산맥. 몽골 병사들은 말을 타고 캅카스 산맥을 넘어 유럽으로 갔다.

디어 해양 강국 제노바 상인들의 무역 기지가 있는 크림 반도를 정복했지. 동쪽과 서쪽 세상의 물건이 모두 모이는 크림 반도를 얻었으니 험난한 길을 달린 목적을 넘치도록 달성한 셈이었어. 그런데 몽골의 기마부대는 멈추지 않았어. 지금의 불가리아 땅을 지났고 헝가리 평원에 도착했지.

몽골 사람들은 늘 하던 대로 말을 달렸고 언제나처럼 걸림돌을 없애면서 원정에 필요한 물건들을 얻었는데, 유럽 사람들에게는 이 시간이 지옥 체험이었대. 침략자들이 불을 뿜는 용을 데리고 다닌다는 소문이 돌 정도였지. 유럽 평원을 공포에 몰아넣으면서 말을 달리던 몽골의 병사들은 볼가 강 언저리에 도착한 다음 일단 멈췄어. 말들이 쉬어야 했고 강이 얼기를 기다려야 했거든.

이 무렵에 말머리를 돌려 고향 초원으로 돌아오라는 명령이 떨어졌어. 제국의 건설자이며 공포의 정복자였던 칭기즈칸이 죽었으니 장례식과 쿠릴타이에 참석하라는 소식이었지.

그가 죽은 1227년 이후 제국은 달라졌어. 아시아 동쪽 끝에서 서쪽 끝까지가 몽골의 영향 아래 있는 땅이잖아. 유럽 대륙 한복판과 너른 북쪽 모두가 몽골의 영역이잖아. 한 사람이 책임지기에는 너무 넓었고, 아시아의 동북쪽 끄트머리에 있는 카라코룸에서 이 모든 땅을 경영하기도 힘들었지. 그리하여 칭기즈칸의 후손들이 정복한 땅을 고루 나누어 통치하는 시대가 열렸어. 몽골 사람들의 나라 전체를 대표하는 대칸은 따로 있었지만 칸의 나라는 여럿이었지. 유럽 지역을 맡은 이는 칭기즈칸의 손자 바투칸이었는데 그는 야심만만한 사람이었어.

유럽의 운명을 뒤흔든 사건은 1236년 겨울에 시작되었어. 무대는 땅도 물도 꽁꽁 얼어붙은 시베리아. 몽골 병사 15만 명과 말 60만 마리가 아시아와 유럽의 북쪽을 가르는 우랄 산맥을 걸어서 넘는 장엄한 광경을 연출했어. 병사 한 사람이 말 4마리씩을 끌고 산을 넘고, 산너머 볼가 강을 건너는 거야. 길을 만들면서 아시아 대륙에서 유럽 대륙으로 옮겨가는 대장정이었지. 말을 먹이고 달리면서 시베리아에 도착한 다음 해를 넘겨 진군한 몽골 병사들은 마침내 1238년 겨울, 모스크바로 들어가는 북해 쪽 항구인 블라디미르를 점령하면서 러시

1238년 블라디미르 대공국을 점령한 바투칸을 묘사한 그림(왼쪽)과 터키 카이세리에 있는 바투칸의 흉상(위).

아 정복을 마무리했어.

유럽 북쪽을 차지한 몽골 군대는 다시 유럽 땅 남쪽을 공략했는데 지금의 불가리아와 헝가리를 지나 폴란드에 진입하여 독일을 눈앞에 두는 대장정이었지. 제국의 병사들은 지치지 않았고 패배하지 않았어. 그런데 기독교 공동체 유럽을 공포에 몰아넣은 말발굽 소리가 1241년 어느 날 갑자기 멈추었어. 두 번째 대칸, 오고타이칸이 죽었다는 소식을 듣고 몽골 병사들이 공격을 멈춘 거야. 이들이 쿠릴타이 참석을 위해 고향 초원으로 말 머리를 돌린 덕분에 유럽은 무사했고 길었던 전쟁이 끝났어.

엄청난 전쟁이 마무리된 다음 바투칸은 볼가 강 아래에 있는 사라이에 금빛 나는 게르를 펼치고 칸의 나라를 선포했어. 몽골의 러시아 지역 통치가 시작된 거야. 다루가치라고 불리는 몽골 관리를 러시아의 모든 공국에 파견하여 세금을 직접 받는 형식으로 유럽을 경영했는데, 충성을 맹세하고 군대 동원에 협조한 다음 몽골의 사신과 말이 쉴 수 있는 숙소인 역참을 건설한다면 정치와 종교에는 간섭하지 않았대.

다루가치를 통한 지배는 1480년까지 이어졌는데 몽골 유목민이 유럽을 경영하던 이 시절에 유럽과 아시아를 잇는 길이 만들어지기도 했어. 볼가 강 서쪽에서 시베리아를 지나 만주까지 연결되는 도로야. 6만 킬로미터가 넘는 이 길 곳곳에는 사신과 군인, 말과 물건이 쉬어가는 역참이 1,400개 정도 있었다고 해.

우랄 산맥을 넘나들며 유럽을 경영한 칭기즈칸의 후예들이 유럽 땅에서 완전히 물러난 건 1783년이었어. 이해에 몽골의 크림 반도 통치가 끝났거든. 자그마치 550년 동안 몽골 사람들이 유럽 경영에 참여한 셈이야.

다루가치라는 말은 익숙하지? 러시아에 몽골 관리인 다루가치가 도착한 것보다 조금 이른 때에 고려에 다루가치가 도착했다고 우리 역사에 나오잖아. 고려의 수도 개경은 물론 저 먼 제주까지 몽골 관리인 다루가치가 머물면서 여러 일을 했다고 하지.

⑤ 바그다드를 점령하고 지중해 앞에 서다

사막을 지나고 강을 건너고 산맥을 넘는 몽골의 기마부대는 13세기 초반에 가고 싶은 땅 어디로든 말을 달릴 수 있었지만 딱 한 곳 아라비아 반도에는 갈 수 없었어. 모든 문명의 고향이며 여전히 풍요로운 이 땅에 세계의 인문학과 과학을 이끄는 압바스 제국이 버티고 있었거든. 이슬람 세상을 통일한 다음 유럽 연합군인 십자군에 맞서 땅과 종교를 지킨 압바스 제국은 무섭게 말을 달려 압박하는 몽골에도 맞서고 있었어. 칭기즈칸이 직접 정복한 호라즘에서 남쪽으로 조금만 가면 아라비아 반도였지만 칭기즈칸도 감히 공격하지 못한 나라가 여기 압바스였던 거야.

누가 봐도 세계 최고인 사람과 물건과 땅이 있는 나라를 향해 몽골의 군대가 출발한 건 1257년이었어. 아라비아 반도 전체와 지중해가 적시는 북아프리카 그리고 유럽의 이베리아 반도까지 경영하던 압바스를 공격하기 위해서 몽골은 제국에 걸맞는 군대를 꾸려 세계 곳곳에서 출발했어. 말과 한몸이 되어 달리는 몽골의 기마부대는 물론이고 중앙아시아와 유럽에서 징발한 병사들, 건물을 공격하고 파괴하는 일에 능숙한 중국인 공병 부대까지. 이들은 압바스 제국의 수도 바그다드까지 역참을 따라 달렸어. 집과 농경지를 피해서 낸 길에 만든 역참은 몽골의 말이 도착한 땅 모두에 설치되어 세계 곳곳과 몽골 초원을 연결했기 때문에 역참을 따라 달리면 다른 세상에 닿을 수 있었던 거야.

이렇게 압바스 제국에 도착한 몽골의 다국적군은 무차별 공세를 퍼부었고 드디어 수도 바그다드의 성곽을 무너뜨렸어. 압바스 제국을 공격하기 시작한 지 2년 만이었어.

기원전부터 비옥한 초승달 지역의 중심지여서 수많은 나라와 문명을 키웠지만 한 번도 침탈당한 적이 없었던 바그다드가 함락되었다는 소식은 이슬람 세상을 도미노처럼 무너뜨렸어. 바그다드의 소식이 전해지면서 아라비아 반도의 서쪽 끝 땅인 다마스쿠스가 바로 몽골에 투항할 정도였지. 맞고 나서 몽골이 되느니 알아서 무릎을 꿇었던 거야. 그리하여 몽골은 힘들이지 않고 아라비아 반도 전체를 차지하여 지중해 앞에 도착했어. 태평양을 보고 출발하면 지중해를 눈앞에 두는 어마어마한 일이 정말로 이루어진 거야.

옛 그림에 나타난 이슬람 과학자들.

몽골 제국은 아라비아 지역에서 얻는 것이 많았는데 특히, 엄청나게 커진 제국을 운영하는 데

필요한 인재들을 이곳에서 얻었어. 이슬람 세상에 넘쳐나는 뛰어난 천문학자와 지리학자, 의사와 신학자들은 이제 칸의 나라 몽골을 위해 일했어. 그리고 비옥한 땅에서 나고 만들어지는 모든 물건은 빠짐없이 제국의 수도 카라코룸으로 갔지. 경쟁자 없는 세계 최강 몽골은 여기에서 멈추었어.

⑥ 세상 모든 것이 통하는 칸의 나라

통째로 몽골이 된 유라시아 대륙에는 평화가 찾아왔어. 피로 젖은 땅을 꿰맸더니 화사한 빨강이 되었다고나 할까? 사방 어디를 둘러봐도 몽골의 울타리였으니 공격도 반격도 없는 세상이 펼쳐진 거야. 모두가 몽골이었으니 어디로든 자유롭게 갈 수 있는 지구촌 시대가 열린 셈이었지. 이제 사람들은 대륙과 대륙을 오가는 여행을 꿈꾸었고 정말로 아프리카를 떠나 유럽과 아시아를 여행하면서 지도를 만들었어. 널따란 대륙은 세상의 모든 물건이 자유롭게 오가는 자유무역 지대가 되고 있었어. 북아프리카에서 만들어진 유리병을 아시아의 유목민이 사용했고 초원 사람들이 먹는 요거트를 불가리아 사람들도 즐기게 되었어. 말발굽 소리 요란한 반세기를 보낸 다음에 찾아온 평화롭고 풍요로운 나날이었지.

세상이 어떻게 움직이는지 알고 싶은 사람들은 앞다투어 몽골을 찾았고, 천하무적 세계 최강의 실체를 확인하고 싶은 사람들도 카라코룸을 방문했는데, 루브룩은 1254년에 몽골 제국을 방문한 프랑스인 선교사였어. 그는 카라코룸에 도착하여 칸을 만나기 위해 면담 신청을 했지만 티베트 승려와 이슬람의 이맘 그리고 유대교 랍비까지 세상 모든 종교인이 칸을 만나기 위해 줄을 선 시절이어서 루브룩의 차례는 쉽게 오지 않았어.

칸은 바쁘기도 했고 모든 이야기를 다 듣기도 힘들어서 제안을 하나 했어. 여러 종교인들이 각자의 종교를 대표해서 토론을 하면 지켜보겠다고 말이야. 그렇게 해서 세계 처음이자 마지막으로 각종 종교 토론 대회가 열렸는데, 모든 신은 위대했지만 어느 신도 칸을 설득하지 못했어. 칸은 토론 대회 중간에 이런 말을 했대. “사람에게 손가락이 여러 개 있듯이 사람이 가야 할 길도 여러 가지다.” 루브룩을 비롯해서 동맹과 지원을 기대하고 카라코룸에 왔던 종교인 누구도 몽골과 손을 잡지 못했어. 몽골 제국에서는 다만, 누구나 자유롭게 신앙생활을 할 수 있었지.

너도나도 몽골을 찾아 풍요를 확인하는 시절은 14세기 말까지 이어졌어. 정확하고 꼼꼼하게 거리와 방향을 계산하여 만들어진 몽골의 역참을 찾는다면 누구라도 쉽게 제국의 심장으로 갈 수 있었지만 몽골 사람이 아니면 아무도 이 길을 몰랐기 때문에 다들 산을 넘고 사막

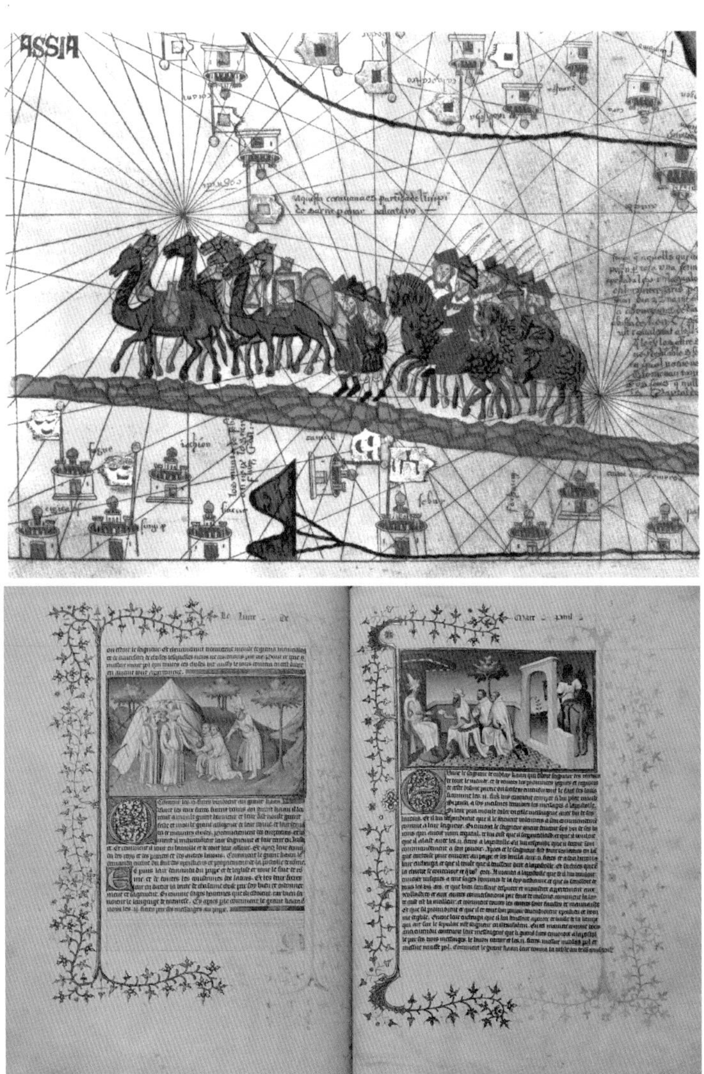

1375년 제작된 카탈루냐 지도책에는 마르코 폴로와 일행이 그려져 있다(위).
유럽에서 출간된 《동방견문록》 본문(아래).

을 지나서 제국으로 왔대.

대칸이 사는 도시, 그러니까 몽골 제국 전체의 수도는 1267년부터 베이징이었어. 세상의 모든 물건과 사람을 구경할 수 있는 국제도시였지. 장사로 이름난 베네치아의 상인들도 베이징에 들렀는데 마르코 폴로는 그중 한 사람이었어. 17년 동안이나 칸의 도시와 몽골 사람들의 나라에 머문 그는 베네치아로 돌아가서 자신이 본 것과 겪은 일을 적어 책으로 펴냈는데 유럽 사람들은 그의 이야기가 모두 허풍이라고 생각했대. 그토록 웅장하며, 부유하면서도 위엄을 갖춘 나라가 있다는 사실을 믿을 수 없었던 거야.

하지만 마르코 폴로의 책을 읽으면서 모험을 꿈꾼 사람도 많았대. 제노바 출신의 뱃사람 크리스토퍼 콜럼버스는 반드시 칸의 도시에 가서 칸을 만나고 황금과 비단을 구하겠다는 다짐을 하며 《동방 견문록》을 읽고 또 읽은 사람이었다지. 아시아와 유럽을 무대로 말을 달렸던 몽골 제국은 대륙 끄트머리에 웅크려 있던 모험 정신에 불을 지핀 거야.

6

문명을 찾으러 간 십자군의 길

기독교 가톨릭의 수장이자 신의 대리자인 교황이 유럽 모든 나라의 왕을 임명하고 유럽의 모든 왕국은 교황에게 세금을 바치던 시절이 있었어. 바로 유럽의 중세야. 이번 길은 중세 유럽 교황의 땅에서 출발해.

기독교 공동체 같던 유럽에서 나라와 나라가 서로 다투는 일이 잦아지자 교황은 엄청난 제안을 했어. 작은 싸움을 멈추고 큰 싸움을 벌이자면서 기독교의 군대를 만들자 했지. 군대를 만들어 예수의 흔적이 깃든 성스러운 도시 예루살렘을 되찾자는 말이었어. 그 시절 예루살렘에는 이슬람 왕국이 있었거든.

교황이 요청하자 유럽 모든 나라의 왕들이 응답하여 다국적군인 십자군이 만들어졌어. 십자군은 1096년에 첫 출정을 했고 200년 동안 꾸준히 동쪽을 향해 진군했는데 이번 길은 십자군이 걸어간 길 이야기야. 중세 유럽의 끄트머리 풍경이지.

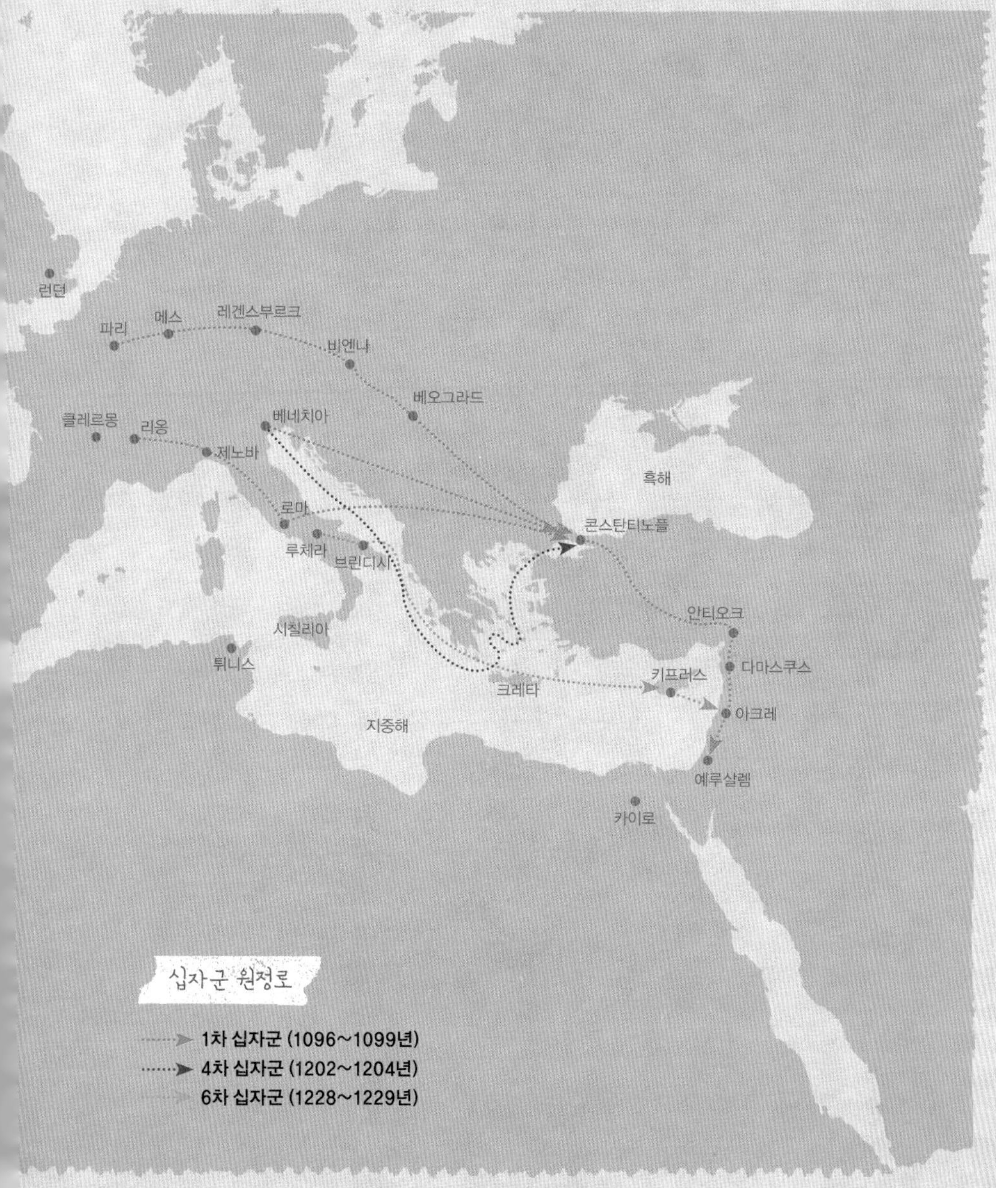

런던
파리
메스
레겐스부르크
비엔나
베오그라드
클레르몽
리옹
베네치아
제노바
흑해
로마
콘스탄티노플
루체라
브린디시
안티오크
시칠리아
튀니스
다마스쿠스
키프러스
크레타
아크레
지중해
예루살렘
카이로

십자군 원정로

1차 십자군 (1096~1099년)
4차 십자군 (1202~1204년)
6차 십자군 (1228~1229년)

❶ 신의 직장 십자군

십자군은 교황의 말 한마디로 만들어졌어. 교황이 군대를 만들자 하니 유럽 모든 나라의 백성이 참여하는 다국적군이 뚝딱 만들어졌거든. 태초에 말씀이 있었다는 기독교 성서의 첫 구절이랑 비슷했다고 할 수 있는데, 교황의 말이 곧 법과 같았던 중세라서 가능한 일이었지.

중세 사람들의 사회적 신분을 말하려면 피라미드를 떠올리면 좋아. 맨 위 꼭짓점에는 짐작한 대로 교황이 있고 그 아래는 교황에게 임명장을 받은 유럽 여러 나라의 왕들이 있지. 왕에게 충성을 맹세한 다음 땅과 사람을 받은 영주들이 그 다음 단계에 있는데 영주들은 수많은 기사들을 거느리고 있어. 멋진 유니폼을 입고 영주의 땅과 재산을 지키기 위해 백방으로 말을 달리는 기사들이 영주 아래에 있는 신분이야. 피라미드의 맨 아래층에는 농노라고 불리는 사람들이 있어. 나 같고 너 같은 평범한 사람들인데, 농사를 짓고 가축도 기르고 물건도 만들고 세금도 내지만 땅의 주인인 영주에게 속하는 재산 취급을 받아. 그래서 이들의 신분은 농부가 아니라 농노야.

다들 귀하게 나고 자란 사람인데 누구는 영주고 누구는 농노라면 일이 생겨도 큰 일이 벌어졌을 것 같지만 유럽에서 중세는 꽤 오랫동안 유지되었어. 대개 서로마 제국이 멸망한 476년부터 동로마 제국이 멸망한 1453년까지를 중세라고 부르니까 1,000년 가까이 유럽 사람들은 이런 틀 안에서 살았다고 할 수 있지. 지금 내가 사는 세상과 참 많이 다르니까 묻고 싶은 게 한둘이 아닐거야.

이런 시절에 교황이 군대를 만들어 전쟁을 하고 예루살렘을 되찾자 했어. 만들자, 이 한마디만 한 것이 아니라 십자군은 어떤 군대인지 비전을 제시하기도 했는데 이게 말이야, 중세 유럽 사람들의 마음을 사로잡는 감동 그 자체였어. 1094년 클레르몽 종교회의에서 군대를 만들자고 제안하면서 교황은 이런 말을 했어. 녹음이나 속기를 하지 않아서 정확한 문장은 아니지만 대략 이런 내용으로.

“성지를 되찾기 위한 성스러운 전쟁에서 생명을 잃은 자는 천국을 얻을 것이며 죄를 용서 받으리라.”

전쟁에 대한 두려움과 불안, 사람들 마음 한구석에 웅크린 망설임까지도 털어 주는 말이었던 거야. 교황이 왕을 임명할 정도로 신의 뜻으로 움직이는 지역이 유럽이었으니까 천국에 갈 수 있다는 말보다 더 한 보상은 없었어. 자신의 생사여탈권을 쥔 교황의 말이니까 왕들은 대략 찬성이었고, 싸우는 일이 직업이었던 기사들은 반대할 이유가 없었으며, 심지어 피 튀기는 전쟁터 한복판에서 싸워야 할 농노들도 십자군에 열렬한 호응을 보냈지.

천국행 티켓을 예약한다는 마음으로 십자군이 된 농노도 있었고 삶을 바꾸고 싶어서 십자군이 된 사람들도 많았어. 그 시절에 유럽 사람들은 흉년 때문에 먹고살기가 힘들었거든. 기사나 영주, 왕과 교황

클레르몽 종교회의를 묘사한 15세기 문헌.

은 어차피 농노가 수확해서 바치는 곡물로 유지하는 삶이니 풍년이든 흉년이든 상관이 없지만 농노들에게는 삶을 뒤흔드는 문제였어. 흉년이 들어 수확한 곡물이 적더라도 세금은 똑같이 내야 하고 헌금도 똑같이 바쳐야 하니까. 흉년과 세금과 헌금을 생각하면 도망이라도 가고 싶은 심정이었는데 마침 십자군을 모집한다는 소식을 들은 거야.

교황의 군대 십자군이 되면 엄청 먼 곳에 있다는 예루살렘까지 걷다가 탈진할 수도 있지만 헌금은 안 해도 되잖아. 십자군이 되면 전쟁터에서 죽을 수도 있지만 세금은 안 내도 되잖아. 게다가, 십자군으로 전투를 치른 다음에는 농노 신분에서 벗어날 수 있다고 했어. 죽어라 일을 하고 죽기 직전까지 세금과 헌금을 내야 하는 농노에서 벗어난다는 건 엄청난 매력이었던 거야. 맞아, 중세 농노에게 십자군은 신분상승을 보장하는 신의 일자리였다고 할 수 있어.

❷ 예루살렘으로 간 십자군

십자군의 출발 날짜가 정해졌어. 성지 예루살렘을 되찾는 일만큼 중요하고 시급한 일은 없겠지만 먹을 것이 있어야 군대도 움직이고 왕국도 유지되잖아. 그리하여 출발일은 1096년의 가을걷이가 끝나는 8월 중순. 교황이 제안한 지 2년 만에 정말로 군대가 출정을 하게 된 거야.

유럽 곳곳에서 모인 왕과 기사, 농노 들은 갑옷을 입었고 갑옷 위에 빨간 십자가가 꿰매진 겉옷을 걸쳤어. 그리고 출발 전에 한 사람도 빠짐없이 서약을 했지. 예루살렘에 도착하기 전에는 전쟁을 포기하지 않겠다는 맹세였어. 사실, 전쟁도 사람이 하는 일이라서 무슨 일이 어떻게 전개될지는 아무도 모르잖아. 마음이 바뀔지 몸이 상할지 천재지변이 가로막을지 알 수 없었지만, 빨간 십자가를 두른 사람들은 끝까지 간다는 약속을 한 거야.

서약은 다국적군의 최고 책임자인 교황이 요청한 일이었어. 교황은 십자군에 소속된 누구라도, 그러니까 왕일지라도 임무를 중간에 포기하면 파문하겠다면서 서약을 요구했어. 파문은, 학교에서는 퇴학이고 회사에서는 해고와 같은 말이야. 기독교라는 테두리 밖으로 내쫓는 일이지. 기독교를 중심으

빨간색 십자가가 그려진 옷은 십자군의 공식 복장이었다.

로 똘똘 뭉쳐 있는 중세 유럽에서는 기독교도가 아니면 왕도 될 수 없고 영주는 물론 기사도 될 수 없어. 파문을 당하면 일자리는 물론 유럽 땅에서 숨 쉬는 것조차 불안해지는 거야.

빨간 십자가 옷을 입고 끝까지 가겠다는 서약을 마친 사람들은 1096년 8월에 유럽 곳곳에서 출발했어. 다양한 지역에서 출발한 십자군이 한데 모일 장소는 동쪽에 있는 도시 콘스탄티노플. 유럽에서 아시아로 넘어가는 길목에 있는 도시로 동로마 제국의 수도야. 기독교의 동쪽 보루와 같은 도시에 십자군이 모두 모인 때는 1097년. 십자군은 대략 반년 동안 유럽 횡단을 한 셈이야.

콘스탄티노플에서 십자군은 예루살렘을 되찾고야 말겠다는 의지를 다지면서 식량을 채웠고 무기를 점검했어. 그리고 서유럽보다 화려하고 부유하고 웅장한 동로마의 분위기에 압도되었지.

콘스탄티노플에서 십자군은 마음을 다잡기도 했어. 사실 동로마까지는 출정이라기보다는 세계 여행 분위기였거든. 이제부터가 진짜 전쟁이었지. 아나톨리아 반도를 횡단하여 동로마의 동쪽 국경에 닿는 순간 십자군은 신의 뜻을 수호하기 위해 진짜로 피를 봐야 하거든.

십자군은 몇 달을 걸어 동쪽 끝까지 간 다음 시리아 북쪽에 진지를 마련했어. 침략을 위한 전진기지였지. 이날은 1097년 6월 30일이었는데 진을 친 다음 날부터 십자군은 쉬지 않고 전투를 치렀어. 평화롭게 살고 있는 사람들 사이로 들어가서 칼을 휘두르며 보이는 대로 죽이고 무너뜨린 다음 신에게 기도했지.

유럽 사람들이 사라센, 그러니까 해 뜨는 곳 사람들이라고 부르던 시리아 지역 사람들은 대부분 죽었어. 성스러운 전쟁 과정에서 벌어지는 모든 일은 죄가 아니라고 했던 교황의 말 덕분이었는지 십자군은 거리낌 없이 죽이고 파괴했거든. 시리아 땅 사람들은 십자군을 야만인이라고 불렀어. 살아 있는 모든 것을 죽이고 먹을 수 있는 건 모조리 먹어치우는 모습은 사람 같지 않았거든. 아라비아 반도에서 십자군은 공포 그 자체였던 거야.

시리아 북쪽을 점령하면서 이 땅 남쪽에 있는 예루살렘으로 가는 길목을 차지하게 된 십자군은 지중해 바다에서 들어오는 보급품을 받으면서 자기들의 왕국을 꾸리기 시작했어. 이슬람의 모스크를 허물었고 기독교의 신을 위한 교회를 지었지. 기독교 왕국을 꾸미는 시간을 보내면서 십자군 전사들은 예루살렘 침공의 날을 준비했어.

비옥한 초승달 지역 안에 있으며 이집트로 가는 길목에 있는 성지 예루살렘은 그 시절에 이집트 왕국에 속했어. 이슬람교를 믿는 이집트의 술탄은 전쟁을 피하고 싶었대. 예루살렘은 기독교를 시작한 예수의 흔적이 밴 도시이기도 하지만 이슬람교의 창시자 무함마드가 신의 계시를 받기 위해서 승천한 도시이기도 했거든. 그리고 예루살렘은 유대인이 자리 잡은 땅으로 유대교의 본산이니까 세 종교의 공통 성지인 셈이었어. 어떤 이유든 성스러운 공간을 파괴해서는 안 된다는 것이 술탄의 생각이었지. 그래서 술탄은 제안을 했대. 기독교도가 예루살렘에 오는 걸 막지 않겠으니 시리아 지역에 기독교 왕국을 건

설한 것에 만족하고 이쯤에서 멈추는 것이 어떻겠느냐고. 하지만 십자군은 협상을 거부하고 결전의 날을 준비했지.

십자군은 1099년 6월에 예루살렘 공격을 시작했고 다음 달에 텅 빈 예루살렘을 손에 넣었어. 유대인과 무슬림을 남김없이 죽이고 유대 교회와 이슬람의 모스크를 모두 부수어 성지를 되찾았지. 교황이 말한 신의 뜻이 이루어진 거야. 핏물을 뒤집어쓴 십자군 전사들이 교황이 약속한 천국에 갔는지는 모를 일이야.

1099년 7월, 예루살렘을 차지한 십자군을 그린 프랑스 화가 에밀 시뇰의 그림.

❸ 유럽을 사로잡은 커피

예루살렘이 기독교만을 위한 기독교인의 도시가 되었으니 십자군은 소임을 다했어. 성스러운 도시를 되찾은 것에 그치지 않고 이교도의 땅 아라비아 반도에 기독교 왕국을 길쭉하게 건설했으니 목표를 초과 달성한 셈이었지. 예루살렘뿐 아니라 안티오크, 다마스쿠스 같은 지중해 바닷가에도 유럽 사람들의 나라가 들어섰거든.

도시국가 베네치아의 상인들이 배를 타고 아라비아 반도에 들락거리기 시작한 때도 이 무렵이었는데, 이들은 유럽의 왕들에게 운송비를 받고 십자군이 쓸 군수품과 식량을 배에 실어 지중해를 오가면서 전쟁을 거들었어. 신의 뜻을 이루기 위해서 군수품을 날랐다기보다는 전쟁이라는 특수한 상황을 이용해서 장사를 한 셈이었지. 십자군이 예루살렘을 정복하면서 베네치아 상인들의 좋은 시절도 끝인가 싶었지만, 전쟁 끝 행복 시작이었어.

동쪽 세상에는 유럽에 없는 물건이 참 많았거든. 향신료를 비롯해서 진귀한 물건이 넘쳐나는 아라비아 반도를 보면서 상인들은 부자가 되는 꿈을 꾸었는데, 결국 꿈은 이루어졌어. 베네치아 상인들의 주머니와 마음을 따뜻하게 만든 동방의 물건이 많았지만 그중에서도 최고의 상품은 커피였지.

에티오피아 땅 카파 지역에서 자라는 나무 열매여서 이름이 커피였

커피의 고향인 에티오피아 카파 지역은 현재까지도 손꼽히는 커피 생산지이다.

어. 700년 무렵에 에티오피아의 목동은 염소가 커피 열매를 먹는 걸 보고 따라 먹었는데, 맛이 궁금했다기보다는 효능이 궁금했대. 이 열매를 먹은 염소는 잠을 자지 않고 뱅글뱅글 돌았거든. 열매를 먹었더니 목동에게도 똑같은 증상이 나타났어. 피곤하지도 졸리지도 않았지. 커피 열매에는 정신을 맑게 해 주는 각성 성분이 있었던 거야.

그리하여 이슬람의 성직자들은 늘 깨어 있기 위해서 커피 열매를 먹었어. 세상의 이치를 깨우치고 신과 소통하기 위해서는 언제나 맑은 정신을 지녀야 하니까 커피는 수행 보조 식품 같았지. 성직자를 닮고 싶었던 다른 사람들이 커피 열매를 곱게 간 다음 뜨거운 물을 부어 마시기 시작하면서 커피는 이슬람의 음료가 되었어. 아라비아 반도는 몸과 마음을 즐겁게 만드는 맛과 향에 사로잡혔지.

만나는 사람 모두를 매혹시키는 것이 커피의 운명이었는지, 시리아 지역에 도착해서 커피 맛을 본 십자군과 베네치아 상인들은 커피에 반했어. 유럽 사람들의 입맛을 사로잡을 수 있는 동방의 물건이 커피라고 생각한 베네치아 상인들은 유럽으로 돌아가는 배에 커피를 가득 실었는데 과연 짐작대로였지. 사람의 몸과 마음을 움직이는 신비로운 음료는 순식간에 유럽 사람들을 사로잡았어. 교황의 마음까지 빼앗은 이교도의 음료 커피는 교황에게 세례를 받으면서 기독교도의 공식 음료가 되었어.

커피는 십자군 전쟁의 전리품이었을까? 달콤하고 쌉싸름한 커피 향이 유럽 구석구석에 퍼질수록 베네치아 상인들은 유럽 최고의 부자가 되고 있었어.

④ 콘스탄티노플을 점령한 십자군

유럽 사람들에게 시리아 지역이 제 집 같던 시절은 딱 90년이었어. 아라비아의 땅과 사람과 종교가 짓밟힌 다음 절치부심하며 칼을 갈던 이슬람 세력은 조각조각 나뉜 땅과 사람들을 하나로 모아 통일 왕국을 이룬 다음 빼앗긴 땅을 찾기 위해 전쟁을 시작했거든. 강하고 자비롭다는 술탄 살라딘이 이끄는 이슬람 왕국이 마침내 1189년에 예루살렘을 되찾았어. 풍요로운 동방에서 화려한 문명을 누리던 유럽 사람들은 모두 시리아 지역에서 물러났어.

자비롭다는 살라딘이었지만 시리아 지역을 피로 물들였던 기독교도에게는 단호했어. 살라딘 시절에 기독교도가 시리아 땅에 발을 딛는 일은 이제 금지되었지. 말 그대로 성지로 가는 길이 막힌 거야.

조바심이 난 교황은 자신이 임명한 왕들에게 십자군이 되라고 독촉했지만 다들 교황의 눈을 피하기 위해 분주한 척을 했지. 어찌어찌하여 2차 십자군과 3차 십자군이 유럽 대륙을 출발해서 아라비아 반도 쪽으로 걸어갔지만 시리아 근처에도 못 가고 되돌아오면서 성지로 가는 길은 정말 끊긴 것처럼 보였어.

그런데 말이야, 한번 시작한 일은 쉽게 멈출 수가 없잖아. 500원을 넣고 인형 뽑기를 해도 조금만 더 하면 뽑을 것 같아서 자리를 못 뜨는 게 사람이잖아. 교황도 그랬어. 한 번 더 힘을 모으면 성지를 탈환할 것 같고, 부유한 동쪽 세상은 원래 내 것 같고, 여기서 멈추면 존엄한 자리가 흔들릴 것 같아서 견딜 수가 없었지. 교황은 반드시 성지를 되찾아서 기독교 세상을 수호해야 한다고 목소리를 높였어.

그리하여 4차 십자군이 소집되었는데 아무래도 땅 길은 위험했어. 동로마 제국이 있는 아나톨리아 반도를 가로질러 살라딘이 지키는 동쪽으로 걸어가는 건 목숨을 건 도박과 같아서 천국행 티켓이 그 땅에 묻혀 있대도 갈 수가 없었어. 그래서 십자군은 배를 타고 지중해를 거쳐 가기로 했어. 병사와 무기와 식량은 이번에도 베네치아의 상인들이 운반하기로 했는데 배삯은 후불이었어. 얼마나 오래 걸릴지 몰랐고 길도 위험하여 운송료가 좀 높았는데 유럽에는 지불할 만한 왕이 없었거든. 예루살렘을 탈환하면, 그러니까 시리아 지역으로 가서 물건과 보물을 차지하면 그걸로 배삯을 치르기로 한 거야.

그런데 사단이 났어. 우선 집결지로 결정된 콘스탄티노플에 도착한 십자군이 침략자이자 약탈자로 돌변한 거야. 교황의 군대 십자군은 콘스탄티노플 시가지에 불을 지르고 교회를 부수고 집을 파괴하면서 돈이 될 만한 물건들을 챙겼어. 서유럽보다 부유하고 화려한 동로마의 수도를 오래전부터 탐냈었는지, 예루살렘에 가서 하는 일도 어차피 약탈이니 고생할 것 없이 콘스탄티노플에서 하는 게 낫다고 생각했는지는 모를 일이야. 1204년에 4차 십자군은 동로마를 공격하고 약탈하고 점령했어.

동로마 사람들은 물론 기독교도였지. 기독교를 나라의 종교로 삼으면서 유럽의 기독교 공동체를 만든 로마 제국의 적자가 동로마였다고 할 수 있는데 교황을 이들은 인정하지 않았어. 동로마의 주교도 서쪽 유럽에 있는 수많은 기독교 주교들 가운데 한 사람이라고 생각했거든. 생각의 차이는 정서와 문화의 차이를 만들었을 텐데, 어쨌든 기독교 정교회를 국교로 삼은 동로마는 서로마를 계승한다는 교황의 십자군에게 공격을 당한 거야. 예상치 못한 적에게 수도를 빼앗긴 동로마 사람들은 한참 후에 정신을 차렸고 십자군과 사활을 건 전쟁을 치

콘스탄티노플을 약탈하고 점령하는 십자군. 외젠 들라크루아의 그림.

른 끝에 콘스탄티노플을 되찾았어. 하지만 900년 동안 제국의 수도였던 도시를 침탈당하고 나자 동로마 제국은 뿌리부터 흔들렸지.

이쯤이면 십자군은 뭘 하는 군대인지 회의가 밀려올 만도 했지만 교황은 여전히 예루살렘을 탈환하자 외쳤고 십자군은 신의 뜻이라고 주장했어.

❺ 루체라의 프리드리히 2세

교황은 십자군 운영을 위해 밤낮 없이 골몰했지만 유럽의 왕들은 달랐어. 멀고 위험한 예루살렘을 어떻게든 피하고 싶었지. 부유한 동쪽 세상 이야기를 들으면 솔깃한 것도 사실이지만 언제 생각해도 소중한 목숨이 일 순위였어. 유럽의 왕들이 몸을 사리면서 멈칫거리자 교황은 극약 처방을 내렸는데, 그게 뭐냐면, 십자군이 되어 예루살렘에 꼭 가겠다는 서약을 한 사람에게만 임명장을 주기로 한 거야.

신성로마 제국의 왕 프리드리히 2세도 십자군이 되어 예루살렘에 가겠다는 서약을 한 다음에야 교황에게 임명장을 받았어. 1200년 무렵에 신성로마 제국은 유럽에서 가장 큰 땅을 가진 강한 나라여서 교황은 이 나라의 왕을 임명하면서 참 많은 계산을 하고 생각을 했어. 고심 끝에 선택한 사람이 프리드리히 2세였다는 말이지.

그런데 교황은 프리드리히에게 준 임명장의 잉크가 마르기도 전에 자신의 선택을 후회했다지. 교황은 프리드리히를 세례받은 술탄이라고 불렀어. 그건 기독교의 탈을 쓴 무슬림이라는 뜻이었지. 교황의 후회와 증오는 다 루체라 때문이었어.

교황이 머무는 도시 로마 남쪽에 루체라가 있었는데 이 도시의 별명이 '작은 이슬람'이었거든. 신성로마 제국 영토였던 루체라에는 이슬람 교회인 모스크가 있었고 루체라 사람들은 금요일마다 모스크에 모여

예배를 드렸어. 이 도시에서는 이슬람의 단식 기간인 라마단도 어김없이 지켜졌고, 루체라의 도시 치안대장이 무슬림일 정도였지. 그러니까 이곳은 기독교 땅에 자리잡은 공공연한 이슬람 구역었던 거야.

루체라의 모든 것을 만든 사람이 바로 프리드리히 2세였어. 무슬림들이 모여 살도록 만든 이도 왕이었고 무슬림의 교회를 지은 이도 왕이었지. 교황은 루체라에서 일어나는 모든 일이 마음에 들지 않았고

이탈리아 루체라에 남아 있는 성곽 유적.

La doctrine du
saige es prover
bes est telle car
il enseigne que
lomme ait fiance en nre sr
de tout son cuer et quil ne se
appuye pas a son sens mais
en toutes ses voies pense a dieu
et il adreschera ses fais et ses dis
et le fera bien instruit quant il
aura trouvee sapience la quelle
luy sera arbre de vie quant
il laura attainte et sil la tient
perseveramment il sera glo
rieux et bien instruit pardura
blement Car toute sapience
vient de dieu et demeure avec
luy tousiours. Et comme il

프리드리히 2세를 묘사한 15세기 문헌. 그는 다양한 문화와 종교를 포용했으며 과학과 동물학에도 깊은 관심이 있었다.

이런 루체라를 만든 프리드리히가 끔찍하게 싫었대. 임명을 취소하고 왕관을 돌려받고 싶은 마음뿐이어서 프리드리히를 파문할 기회만 호시탐탐 노리고 있었지.

그런데 이 모든 사건의 주인공 프리드리히 2세가 무슬림이었다는 증거는 없어. 교황이 주장한 것처럼 이슬람의 왕인 술탄이 되고 싶어서 루체라에 이슬람 구역을 만든 것도 아니었거든. 루체라에 모여 살았던 무슬림은 신성로마 제국의 궁수대와 보병대 소속 병사들이었어. 신성로마 제국은 전투력이 뛰어난 이들을 용병이자 노예로 고용했고, 프리드리히 2세는 나라의 안보를 위해서 무슬림 병사들을 보호한 것이었지.

작은 이슬람 루체라의 진실은 이러했지만 교황은 의심의 눈초리를 거두지 않았어. 루체라에서 벌어지는 일은 몇 번을 생각해도 지나쳤거든. 신분이 낮고도 낮은 용병을 위해서 교회를 짓고 마을을 만드는 건 말도 안 되는 일 같았어. 교황은 프리드리히가 이슬람의 천문학자와 수학자를 곁에 두고 있다는 이야기도 들었는데, 신의 나라를 가꾸어야 할 왕이 신을 의심하고 신의 영역을 넘보는 것만 같았어. 이교도의 학문인데, 게다가 천문학과 수학이라니……. 교황이 보기에 프리드리히는 무슬림이 틀림없었어.

⑥ 교황이 파문한 십자군

교황은 매서운 눈초리로 그를 주시했지만 프리드리히 2세는 꿋꿋하게 자신의 일을 했어. 호기심 많은 그는 아랍어를 배웠고 아라비아 반도 사람들이 쓴다는 초승달 모양의 큰 칼을 모았어. 동방의 술탄들이 즐겨 입는 비단옷을 구해 입기도 했으며 이슬람의 학자들과 공부를 했지. 그리고 교황과 약속한 대로 십자군이 되기 위해 준비를 했어. 유럽의 왕이라면 누구나 예루살렘으로 가서 전쟁을 해야 할 의무가 있던 시절이었으니 프리드리히도 자신의 임무를 알고 있었던 거야.

프리드리히 2세가 이끄는 6차 십자군은 뱃길을 선택했어. 지중해를 건너 레반트 지역에 도착하는 일이 쉽지는 않았지만 땅보다는 바다가 안전한 때였지. 십자군은 교황의 군대이니 왕은 교황과 협의를 거쳐 출발 항구와 출발 날짜를 정하고 전쟁을 준비했어. 그런데 문제가 생겼어. 이탈리아 반도 남쪽은 신성로마 제국 땅이었는데 이 지역에서 출항하기 위해 준비하고 있던 병사들 사이에 전염병이 돈 거야. 왕은 교황에게 이 사실을 보고하면서 출항 날짜를 늦추겠다 했고 교황은 허락했지.

우여곡절 끝에 프리드리히 2세가 이끄는 6차 십자군은 1228년 6월 28일에 브린디시 항구를 출발했어. 그런데 이들은 출항과 동시에 십자군이 아니게 되었어. 예루살렘으로 가는 원정대가 신성로마 제국의 항구를 떠나자마자 교황이 왕을 파문한다고 발표했기 때문이야. 교황은, 프리드리히 2세가 교황과 약속한 출항 날짜를 어겼기 때문에 파문한다고 발표하면서 프리드리히가 이끄는 군대를 십자군으로 인정하지 않는다 했어.

전후좌우 사방팔방을 둘러봐도 이건 교황의 어거지였어. 프리드리히 2세를 너무나 미워한 교황이 어렵게 구실을 만들어서 왕을 파문한 거지. 그 구실이라는 것도 거짓말이었지만 교황에게는 왕을 파문할 수 있는 권한이 있었고, 왕은 불안정하게 고용된 정치가에 불과했지.

교황은 큰맘을 먹은 것 같았어. 파문 발표와 동시에 프리드리히가 예루살렘으로 가는 배 안에서 죽었다는 소문을 퍼트린 거야. 교황은 자기가 꾸며 낸 소문을 다른 나라 왕에게 은밀히 전하면서 바로 지금이 신성로마 제국을 공격할 때라고 힌트를 주었어. 교황은, 프리드리히 2세가 유럽 땅에 발붙이는 게 싫어서 전쟁을 부추겼던 것이지.

⑦ 예루살렘을 임대한 십자군

신성로마 제국의 전 군주인 프리드리히 2세는 교황이 자신을 파문했다는 소식을 듣고도 항해를 계속했어. 그의 사전에 회항이라는 말이 없었을까? 그는 대범한 사람이었을까? 교황을 무시했을까? 돌아갈 곳이 없었을까? 아마 답은 4번이 아닐까 싶어. 교황에게 파문당한 왕과 그 군대를 반겨 맞을 만큼 배짱 두둑한 유럽의 왕은 없었을 테니까.

예루살렘에 도착하여 무엇이라도 해야 하는 상황에 몰린 6차 십자군이었으니 이들의 항해는 참 길고도 복잡했을 거야. 오랜 항해를 마친 이들은 예루살렘으로 통하는 지중해 바닷가 아크레 항구에 닻을 내렸고 황제의 명령만 기다렸어. 어차피 전쟁을 하러 동방에 온 유럽 사람들이었어. 돌아갈 곳이 없다는 점만 빼면 여느 십자군과 똑같았지. 그런데 참으로 이상했어. 닻을 내린 지 한참이었지만 황제는 아무런 명령도 내리지 않았거든. 항해 내내 고심하고 또 고심한 프리드리히는 기사를 부르더니 편지 한 장을 건넸어. 지중해를 건너는 험난한 항해를 마치고 아라비아 반도에 도착한 첫날, 십자군이 한 행동은 이게 전부야. 편지 건네기.

프리드리히 2세는 술탄과 거래를 하기로 마음먹은 거야. 아무리 생각해도 모두가 살 수 있는 길은 그것밖에 없었지. 예루살렘을 한번 뺏긴 다음에 이슬람 세력은 강철처럼 단단해졌거든. 자신들의 땅과 사람과 종교를 빈틈없이 지키면서 동쪽에서 밀고 오는 몽골에 맞서느라 더욱 단결하고 있었어. 이슬람은, 가난한 데다 자원도 없는 유럽이 넘볼 만한 상대가 아니었던 거야.

신성로마 제국의 왕이 보내는 편지의 수신자는 술탄. 프리드리히는 유럽 왕의 자존심을 세우면서 술탄에게 정중하게 부탁했는데, 대략

아크레 항구. 지금은 이스라엘 땅이다.

이런 내용이었어.

"술탄께서 결단을 내려 도시의 지배권과 성소를 방문할 권리를 준다면…… 나는 이 땅의 세금 징수권을 술탄에게 넘기겠습니다."

예루살렘을 통치하는 이슬람 제국의 술탄은 프리드리히 2세에 대한 소문을 듣고 있었어. 술탄 알 카밀은 왕의 보좌진 가운데 무슬림이 있다는 사실도 알았고 프리드리히 2세와 함께 온 십자군에는 이슬람을 믿는 병사들이 꽤 많다는 사실도 알았어. 무엇보다 왕이 아랍어로 이야기할 수 있을 정도로 아라비아와 이슬람에 관심이 많다는 사실을 잘 알았지.

프리드리히가 이슬람에 마음을 열고 있다는 점이 술탄의 마음을 움직였는지, 강력한 몽골 제국과의 전쟁에 골몰하느라 유럽과 싸우기가 귀찮았는지, 술탄은 황제의 제안을 받아들이기로 했어. '평화와 우정의 대가로' 예루살렘을 주겠다고 하면서 단서를 붙였어. 예루살렘 임대 기간은 10년이라는 조건이었지.

프리드리히 2세가 이끈 6차 십자군, 그러니까 교황에게 파문당한 왕과 십자군은 그렇게 해서 칼 한 번 휘두르지 않고 성지 예루살렘을 얻었어. 임대 기간이 10년이라는 점이 아쉽긴 했지만 성지로 가는 길이 열린 것이니 십자군 원정의 목적은 넘치도록 달성했지.

예루살렘에서 땅을 임대한 프리드리히 2세의 '탈환' 소식을 들은 교황은 어떤 표정을 지었을까? 엄밀하게 말하면 이미 교황에게 파문당한 왕이 이끈 군대였기 때문에 예루살렘을 빌린 것은 십자군도 아니었지만 교황이 웃지도 울지도 못할 상황이 만들어진 것은 분명했어.

⑧ 성스러운 도시 예루살렘

예루살렘의 새로운 주인이 되었지만 프리드리히 2세는 그곳에 머물지 않았어. 그는 예루살렘에 있는 모스크 관광을 마친 다음에 고향이 있는 유럽 땅으로 되돌아갔어. 그리고 다시는 예루살렘에 가지 않았대. 아무래도 임대한 땅보다는 자기 땅이 편안했던 걸까? 프리드리히의 동방 여행은 아주 짧았어.

교황은 임대 기간이 끝난 다음에도 꾸준히 십자군을 동방으로 보냈지만 예루살렘을 임대하거나 차지하는 일은 더 이상 없었어. 아라비아 반도의 지중해 바닷가 도시들을 약탈하는 게 십자군이 하는 일의 전부였지. 그러다가 1291년에 아크레 항구에 지은 십자군의 성채가 무너지면서 교황의 군대가 이슬람의 땅을 넘보는 일도 끝이 났어. 첫 십자군이 예루살렘으로 가기 위해 길을 나선 지 딱 200년 만에 다른 종교와 문화에 대한 이기적인 폭력이 멈춘 거야.

예루살렘은 지금도 여전히 이슬람의 땅에 있지만 예루살렘으로 가는 길은 막히지 않았어. 비행기를 타면 얼마든지 예루살렘에 가서 이슬람교와 기독교, 유대교가 탄생한 지역을 둘러볼 수 있지. 십자군이 출발했던 유럽 여러 나라에서도 배를 타고 지중해를 항해하면 지중해 동쪽 끝 항구를 통해 예루살렘에 갈 수 있고. 800년 전 그때와 다른 점이 있다면 무슬림이 예루살렘으로 가기가 참 힘들다는 거야. 1948년에 유대인의 나라 이스라엘이 시리아 아래쪽에 들어서면서 예루살렘도 이스라엘 영토가 되었거든.

시리아 아래쪽에는 2000년 전부터 팔레스타인 사람들이 나라를 이루어 살고 있었어. 이 나라에는 유대인도 살았지만 아주 적었지. 그런데 갑자기 전 세계의 유대인이 모여 사는 나라를 팔레스타인 지역에 만들기로 했어. 유대인과 유럽 여러 나라와 미국과 소련이 주도하

분쟁이 계속되고 있는 예루살렘과 그 주변

는 국제연합이 결정한 일이었는데 황당해 보이는 결정은 1948년에 현실이 되었어. 유대인의 나라 이스라엘이 팔레스타인 땅에 들어서면서 졸지에 팔레스타인 사람 40만 명이 살던 곳에서 쫓겨나고 난민이 되었지. 이때부터 아라비아 반도에는 전쟁이 끊이지 않았고 무슬림이 예루살렘으로 가는 길도 막혔어. 예루살렘과 이스라엘은 이슬람 안에 있는 작은 유럽, 혹은 작은 미국 같아.

예루살렘으로 가기 위해 지중해를 건넜던 유럽 사람들은 오늘도 지중해 바다를 항해하고 있어. 오래전 유럽 사람들은 동방의 물건을 실어오기 위해 갤리선을 탔지만, 요즘 유럽 사람들은 미사일을 잔뜩 실은 항공모함을 타고 지중해 동쪽 끝 아라비아 반도 앞으로 가지. 지중해에 둥둥 뜬 채로 이들은 아라비아 반도를 주시하다가 무슬림들이 자신의 권리를 찾기 위해 행동을 할라치면, 그러니까 팔레스타인 난민들이 이스라엘에 땅을 요구한다든가, 시리아 국민들이 독재 정권에 반대하는 시위를 한다든가 하면 망설이지 않고 폭탄과 미사일을 떨어뜨려. 남의 나라 일이지만 세계 평화를 위해서 무력을 사용한다는 건데, 응징해야 할 사람이나 단체를 조준해서 폭격을 하는 건 아니야. 그냥 막 쏘고 떨어뜨리는 거지. 그럼 모두 죽어. 이렇게 죽어간 생명들을 추모하거나 애도하는 이도 없어.

팔레스타인 사람들이 모여 사는 가자 지구. 무차별 폭격으로 건물이 무너지고 사람들이 죽고 다치는 일이 빈번하다.

유럽과 미국이 이끄는 국제사회는 아라비아 반도의 무슬림을 지구상에서 내쫓아 버려도 상관없는 존재로 생각하는 거 같아. 한편 아라비아 반도의 무슬림들은 희생자들의 복수를 위해서 폭탄 벨트를 몸에 두르지. 이슬람의 땅을 폭격하고 총포를 난사하여 무슬림들을 학살하는 유럽과 미국에게 경고하기 위해 폭탄을 던진다는 거야. 모두가 폭력인데, 과연 어떤 폭력은 야만이고 어떤 폭력은 신의 뜻이라고 할 수 있을까?

7

황금을 찾아 떠난 유럽 원정대의 항해 길

이번에는 유럽의 항구 도시에서 출발하는 길이야. 대륙의 서쪽 바닷가에서 출발하여 아프리카, 아시아, 아메리카로 가는 바닷길 이야기지. 정확하게 말하면, 유럽에서 다른 대륙으로 가는 항로를 모르던 시절에 바다를 떠돌다가 우연히 길을 찾고 미지의 대륙을 발견한 이야기라고 할 수 있어.

유럽 사람들이 낯선 땅에 도착하기 위해 경쟁하듯이 바다로 나간 15~16세기를 보통 '대항해 시대'라고 불러. 배 한두 척 띄우는 고만고만한 항해가 아니라 엄청나게 많은 배가 지구의 모든 바다를 항해하던 시절이어서 대항해라고 하지.

그 시절 유럽 사람들은 지구에서 가장 먹고살기 힘들었어. 자기 땅 안에서는 마땅한 삶의 출구를 찾을 수 없는 사람들이었지. 그래서 이들은 누가 먼저랄 것도 없이 바다로 나가 배를 띄웠어. 왜 하필 바다였냐고? 걸어서 유럽을 벗어날 방법이 없었거든.

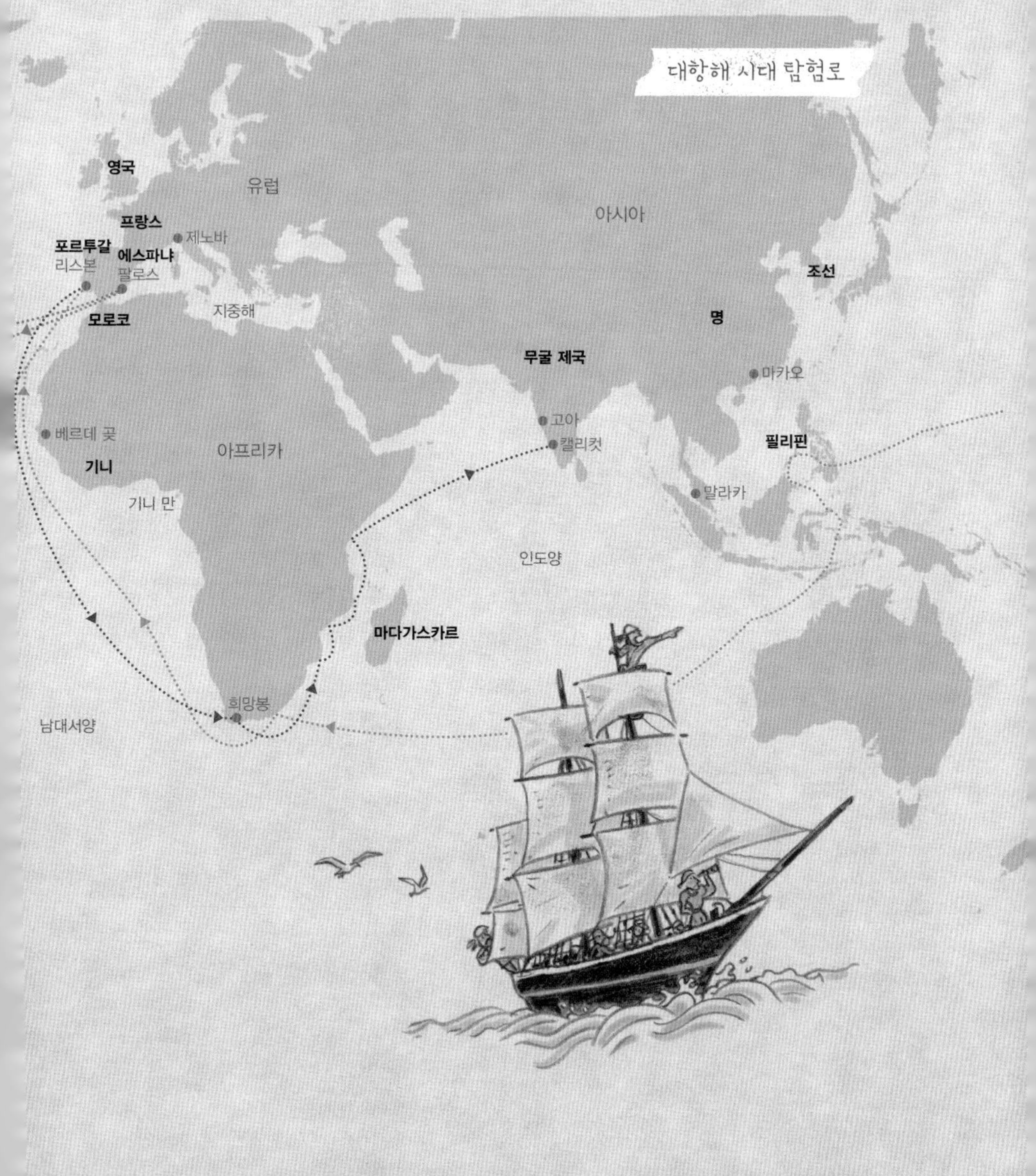

대항해 시대 탐험로

영국
유럽
프랑스
제노바
포르투갈
에스파냐
리스본
팔로스
모로코
지중해
아시아
조선
명
무굴 제국
마카오
고아
캘리컷
베르데 곶
기니
아프리카
기니 만
필리핀
말라카
인도양
마다가스카르
희망봉
남대서양

❶ 중국과 인도에 가고 싶은 유럽 사람들

그 시절에 유럽은 힘든 일투성이였어. 땅은 좁았고 백성들의 살림은 가난했으며 동방에서 수입한 물건에 길들여진 귀족과 왕족의 취향은 여전히 고급스러워서 나라의 곳간은 비어 가고 있었지. 게다가 전염병인 페스트가 유럽 대륙을 휩쓴 다음이어서 사람들의 몸과 마음이 지칠 대로 지친 시절이기도 했어.

이런 유럽 사람들 사이에 책 한 권이 잔잔한 파장을 일으키고 있었는데 바로 《세계의 서술》이야. 칸이 사는 나라에 다녀왔다는 베네치아의 상인 마르코 폴로의 이야기를 듣고 쓴 이 책은 황금이 넘쳐나는 동쪽 세상을 주로 묘사했지. 마르코 폴로가 다녀온 나라는 몽골 사람들이 중국 대륙을 차지하고 건설한 원 제국이었고 칸은 이들의 황제를 일컫는 말이었어. 지금은 《동방 견문록》이라고 불리는 이 책이 유럽 사람들의 마음을 뒤흔든 거야. 장엄한 도시와 화려한 궁전, 위엄을 갖춘 왕족과 부유한 백성들 이야기를 읽으면서 자신이 선 땅을 훑어보던 유럽 사람들은 마음이 쿵쾅거리기 시작했대. 칸의 나라, 그러니까 중국에 가면 궁핍한 땅을 탈출하는 것은 물론이고 덤으로 부자가 될 것만 같았거든.

유럽 사람들의 이 마음이 뭔지 알겠지? 성실하게 공부하고 일했지만 일자리와 끼니를 걱정하고, 정성껏 기도했지만 질병에 무너진다면 가만히 숨 쉬는 일도 힘들어서 그냥 벗어나고 싶잖아. 아무것도 약속하지 않는 유럽을 탈출하고 싶은 시절, 마침 그런 때에 황금이 넘쳐난다는 풍요로운 땅 이야기를 들은 거야. 참, 마르코 폴로가 원 제국을 방문한 건 1270년대였는데 칸의 나라는 1360년대에 사라졌어.

유럽을 벗어날 마음의 준비는 마쳤지만 결정적인 문제가 하나 있었어. 유럽 사람 누구도 중국으로 가는 방법을 모른다는 거야. 유럽 동쪽에 중국이 있다고 했으니 먼저 지중해를 건너면 동쪽으로 가는 땅길이 나오겠지만 15세기 유럽 사람들은 지중해를 건널 수 없었거든. 지중해와 유럽 한복판, 아라비아 반도까지 장악한 오스만 투르크 제국이 교역로를 독점한 다음 유럽 사람들이 지중해에 배 한 척 띄우는 것조차 허락하지 않았기 때문이야. 한때 지중해를 쥐락펴락하던 베네치아와 피사, 제노바와 아말피 상인들조차 지중해를 항해하는 일이 조심스러운 15세기였지.

유럽 사람들은 중국을 두고 고민이 많았어. 중국을 찾는다면 '대박'이지만 못 찾을 가능성이 반이잖아. 괜히 길을 잃고 헤매는 고생만 하다가 유럽으로 돌아오는 경우도 생각해야 하는 거야. 그 어렵다는 갈림길 앞이었는데 결국 이들은 길을 찾아 나선다는 선택을 했어. 중국을 찾다가 빈털터리가 되더라도 더 잃을 게 없는 상황이잖아. 이미 끝에 서 있었으니까 유럽 사람들은 현실적이고 현명한 선택을 했어.

그리하여 유럽의 항해사와 상인, 왕족과 귀족 들은 책을 뒤적이기 시작했대. 유럽을 벗어나는 길과 중국으로 가는 길, 그리고 가난에서

마르코 폴로 등의 탐험을 바탕으로 1457년 제노바에서 제작된 세계 지도. 아프리카에서 인도양까지의 항로가 나타나 있다.

탈출하는 길을 책에서 찾으려 한 거야. 이들은 과학자와 지리학자, 여행가 들이 쓴 책을 펼쳐놓고 지구 어디쯤에 중국이 있는지 가늠했고 유럽과 중국의 거리를 정밀하게 계산했어. 그리고 저마다 항해 계획서를 만들었지. 중국을 찾는 데 필요한 시간과 비용, 인력을 계산하고 중국에서 물건을 가져와 팔았을 때 예상할 수 있는 이익을 따져 봤어. 물론 세계 지도도 그렸고. 한두 푼 드는 항해가 아니었으니까 이 항해 계획서를 읽고 거금을 투자할 후원자를 떠올리면서 꼼꼼하게 그리고 긍정적으로 기록했어.

❷ 아프리카에 도착한 유럽

먼저 출항한 것은 포르투갈의 배였어. 화승총을 비롯한 무기를 잔뜩 실은 모습이 탐험대 같기도 하고 원정대 같기도 했는데 이 배를 지휘하는 사람은 포르투갈의 왕자 엔히크였어. 중국으로 가는 뱃길을 찾기 위해 왕자가 직접 출항한 거야.

항해에 관심과 재주가 많은 왕자였다고 하지만 보통 일은 아니었지. 바다로 나가서 무언가를 찾는 일이 참 중요한 나랏일이어서 왕자가 선장이 되어 항해를 이끈 거야. 이 나라의 앞바다가 대서양이잖아. 바닷가 아이들이 저절로 수영을 배우고 물때를 아는 것처럼 포르투갈 사람들은 바다의 온갖 조화에 익숙했지. 더구나 이 나라는 유럽 대륙의 남서쪽 귀퉁이에 얌전하게 앉았거든. 땅길을 걸어 대륙으로 가는 것보다 배를 타고 바다로 나가는 편이 훨씬 쉬운 나라였던 거야. 그리고 이때는 유럽을 벗어나는 일이 유행이었잖아. 배만 타면 바로 대서양인데, 대서양 끝까지 가면 풍요로운 세상에 도착할 수 있다는데 바다에 익숙한 포르투갈 사람들이 어찌 배를 띄우지 않았겠어.

그리하여 배는 포르투갈의 항구를 떠났고 유럽의 남쪽 끝과 마주 보는 아프리카 북쪽 땅, 지금의 모로코쯤을 지나 남쪽으로 항해를 시작했지. 지중해가 적시는 아프리카 북쪽 땅은 로마 시절부터 유럽과 왕래하던 곳이라서 익숙했지만 포르투갈을 비롯해서 유럽 사람들이 아는 건 딱 거기까지였어. 이 땅 남쪽에는 관심을 둔 적이 없었거든.

섬인지 대륙인지 모를 땅을 왼쪽에 두고 항해를 하던 배가 닻을 내린 곳은 지금의 기니 바닷가쯤이었어. 배에서 내린 이들은 탐험대나 원정대답게 도착한 땅 여기저기를 탐색하기 시작했지. 남쪽으로 항해하다가 도착한 땅이니까 중국이 아닌 건 분명했지만 유럽이 모르는 새로운 땅이 확실했어. 그러니까 여기는 신대륙이었던 거야. 바다에 휩쓸리며 고생한 보람을 느끼고도 남을 만큼의 엄청난 발견을 한 이때가 1444년.

낯선 땅에 도착한 포르투갈 사람들은 놀라운 발견을 계속했는데 그게 말이야, 황금이었어. 운이 좋게도 포르투갈의 배가 도착한 땅에 황금이 넘쳐났던 거야. 발에 툭툭 치이는 것은 물론이고 흙더미 속에서 반짝이는 것도 온통 사금이었지. 그리고 이게 끝이 아니었어. 내륙으로 들어가서 숲과 초원을 탐사하던 사람들은 코끼리 떼를 만났거든. 정확하게 말하면, 귀하디귀한 상아를 발견한 것이지. 상아 손잡이가 달린 칼만큼 품격 높은 물건이 없을 정도로 유럽 귀족과 왕족의 호사 취향을 만족시키는 물건이 상아였거든. 새로운 땅에서 값진 물건 두 가지를 찾은 포르투갈 사람들은 대박을 터트린 게 분명했어.

금과 상아를 한가득 실은 배가 아프리카 땅을 출발하여 포르투갈의 리스본 항구로 돌아왔어. 성공적인 탐험을 마친 사람들은 모험 가득한 항해 이야기를 신나게 펼쳤는데 이들의 모험담이 끝나기도 전에 유럽 사방으로 소식이 번졌어. 그리고 얼마 후, 아프리카로 가려는 사람과 배가 유럽의 모든 항구를 가득 채웠지. 간절한 마음으로 책을 뒤적이며 찾던 황금 땅이 저기 있다는데 가만히 있으면 이상하잖아. 에스파냐·프랑스·영국·벨기에·독일·네덜란드 사람들은 조금이라도 늦으면 황금을 놓칠세라 앞다투어 배를 띄웠어. 이들은 서로 다른 항구에서 출발했지만 같은 바다를 항해하여 똑같은 땅에 닻을 내렸지. 황금과 상아가 널려 있고 생김새가 다른 사람들이 산다는 아프리카의 서쪽 바닷가.

유럽 사람들의 눈과 마음이 유럽 바깥의 황금과 상아로 향하자 좁은 유럽에서 끊이지 않던 왕족들의 세력 다툼이 일단 멈추었고, 가난에 짓눌린 사람들은 오랜만에 어깨를 폈어. 풍요로운 땅 아프리카가 유럽의 온갖 문제를 한 방에 해결한 거야. 이제 유럽 사람들은 새로운 땅에서 넘쳐나는 물자를 더 많이 차지하여 큰 부자가 되는 것에 모든 관심을 쏟게 되었어.

그런데 정말 안타까운 일이었지. 유럽 사람들은 황금과 상아에만 관심을 두었어. 귀한 물건을 유럽으로 가져가 팔면 얼마를 벌 수 있을지 그것만 궁금했어. 피부가 검은 사람, 그러니까 아프리카 사람을 유럽 귀족에게 팔 수 있을지 가늠하는 상인도 있었지만 대부분은 황금과 상아만 생각했어. 코끼리의 오랜 친구인 아프리카 사람들에게 코끼리 사냥에 대해 허락을 받는다거나, 땅을 파헤치고 황금을 가져가도 괜찮은지 묻지도 않았어. 물론 나중에 사과를 하지도 않았지. 유럽 사람들의 숨통을 틔워 준 고마운 땅 아프리카에 너무 예의가 없었던 거야.

포르투갈 리스본에 있는 신대륙 발견 기념비. 오른쪽 맨 앞에 있는 사람이 엔히크 왕자이다.

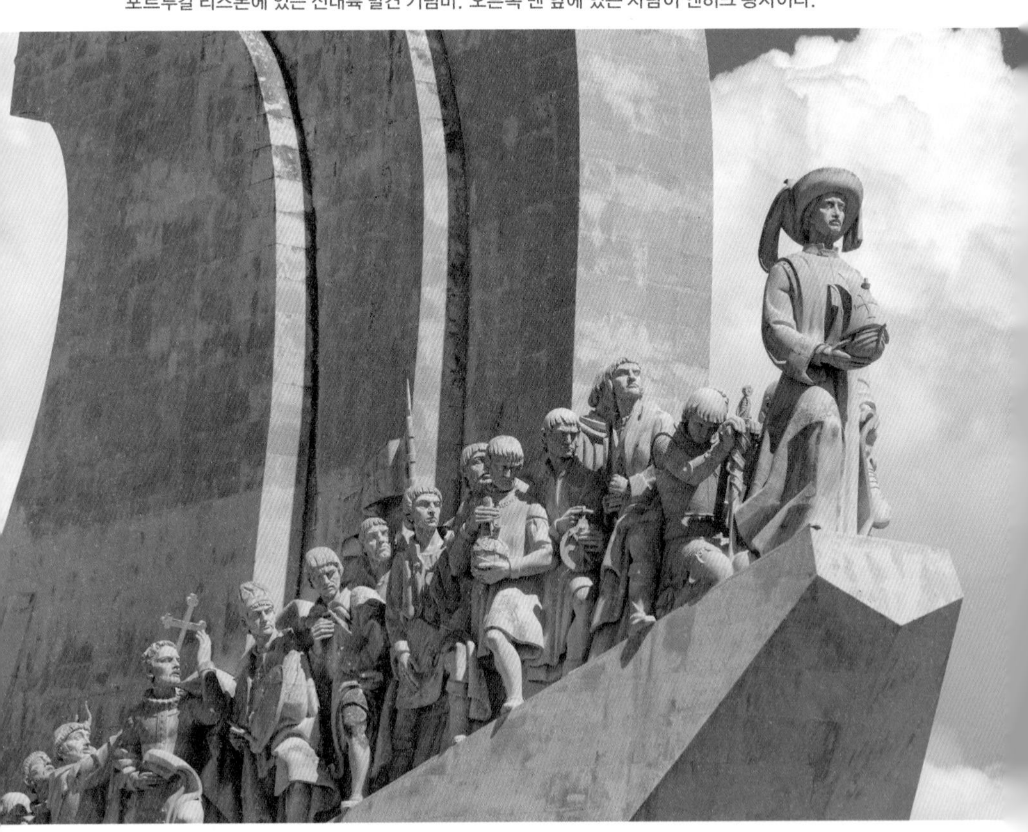

❸ 아프리카를 돌아서 인도를 만나다

온갖 배가 드나드는 아프리카의 서쪽 바닷가에서는 날마다 이상한 일이 벌어졌는데 그중 최고는 전쟁이었어. 유럽 사람들은 황금과 상아를 더 많이 가져가려고 서로 다투다가 총과 대포를 빵빵 터트리면서 진짜 전쟁을 벌였거든.

아프리카의 땅도 죽고 사람도 죽고 동물도 죽는 전쟁이 이어지던 어느 날 이들은 화해를 했는데 총을 내려놓은 다음 정말 이상한 행동을 하는 거야. 땅의 크기를 잰 다음 바닷가부터 숲속까지 반듯하게 줄을 그었지. 그러고는 공평하게 한 구역씩 차지하고 앉더니 국기를 내걸지 뭐야. 맞아, 아프리카 땅을 반듯하게 잘라서 유럽 사람들이 나눠 가진 거야. 자기 구역에 있는 황금과 상아만 가져가면 싸울 일이 없잖아. 그래서 사이좋게 땅을 나누어 가진 것이지. 물론 원래 땅주인인 아프리카 사람들에게 허락받고 한 일은 아니었대.

이 일은 아프리카에 있는 유럽 식민지의 시작이었어. 민족과 지역에 상관없이 지구 어디로든 가서 지배하는 제국주의의 시작이었지. 이제 상아가 많이 나고 황금이 널려 있는 아프리카의 서쪽 바닷가 지역은 코트디부아르(상아 해안), 골드코스트(황금 해안) 같은 유럽식 이름을 갖게 되었어.

서쪽 바닷가에서 얻을 만큼 얻은 다음이었어. 유럽 사람들은 황금

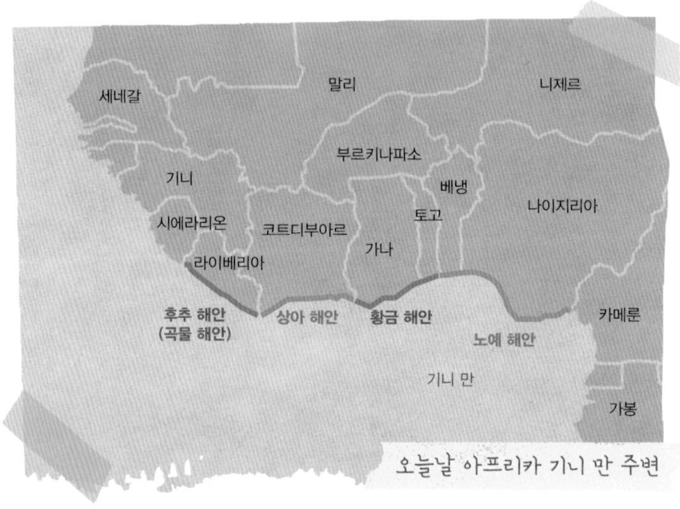

오늘날 아프리카 기니 만 주변

의 땅 아프리카에서 더 얻을 건 없는지 알아보기 위해 내륙 깊숙한 곳과 남쪽 바닷가를 탐사하기 시작했어. 장사꾼의 도전 정신과 탐험가의 호기심으로 부지런히 항해를 계속한 거야.

포르투갈의 뱃사람 바르톨로메우 디아스도 1488년에 아프리카로 출항한 유럽 사람 중 하나였어. 그는 기독교 성서에 나오는 황금의 나라 에티오피아를 찾으라는 왕의 명령을 수행하기 위해 위험을 무릅쓰고 아프리카 대륙 남쪽 끝까지 내려갔어. 아프리카의 남쪽 땅 끝에는 바다 쪽으로 길쭉하게 튀어나온 땅(곶)이 있었는데 폭풍이 세차게 몰아치는 곳이었어. 그래서 디아스는 여기서 뱃머리를 돌렸지. 이 곶을 확인한 것이 그가 진행한 탐사의 결과이자 전부였는데, 사실 이건 엄청난 발견이었어. 대륙의 남쪽 끝을 확인한 유럽 사람들은 이제 아프

리카의 크기를 얼추 짐작할 수 있었고 아프리카 너머에 있는 세상을 꿈꿀 수 있었거든.

모든 것은 디아스 덕분이었을까, 1년 후인 1489년, 포르투갈의 항해사이자 상인이었던 바스쿠 다가마가 탄 배는 정말 놀라운 항해를 했어. 그가 탄 배는 폭풍이 몰아치는 아프리카 대륙의 남쪽 끝 땅을 돌았는데 이 일이 희망의 시작이자 행운의 출발이었지. 곶을 돌았더니 새로운 세상이 펼쳐졌거든. 다가마가 탄 배는 아프리카 대륙의 동쪽 바닷가를 확인한 다음 눈앞에 펼쳐진 너른 바다로 나아갔는데 이 바다가 인도양이었던 거야. 유럽이 모르는 바다이며 동쪽 세상으로 가는 관문 같은 바다 인도양.

포르투갈의 배는 적도를 지나고 몰아치는 무역풍에 맞서며 나아갔어. 이렇게 다섯 달 동안 항해하면서 살 고비 죽을 고비를 넘긴 다음 마침내 땅이 보였지. 바스쿠 다가마는 그곳이 어딘지도 모른 채 살기 위해서 닻을 내렸어. 그건 운명이었을까? 험난한 항해에 대한 보상이었을까? 그들이 표류한 그 땅은 인도였어. 유럽 사람들이 오랜 시간 찾아 헤맸던 동쪽의 부자 나라 인도.

고향으로 돌아갈 수 있을지 걱정하며 여기저기 둘러보았다는 말이 맞겠지만, 포르투갈의 뱃사람들은 조심스럽게 새 땅을 탐사했어. 그리고 후추를 찾았지. 15세기 그때는 전기도 냉장고도 없었다는 걸 기억하는 게 좋겠어. 식료품, 특히 육류를 오랜 시간 저장할 수 있도록 돕고, 고기의 잡냄새도 없애 주는 물건이 후추와 생강 같은 향신료였

인도로 가는 길을 발견한 바스쿠 다가마.

어. 유럽이 동쪽 세상을 모르던 시절에 아시아와 유럽을 오가며 물건을 팔았던 아라비아 상인을 통해서만 구할 수 있는 물건이어서 유럽에서 향신료는 귀하고 비쌌어. 황금과 상아에 버금가는 상품을 우연히 표류한 땅에서 발견한 다음 포르투갈 사람들은 신의 은총에 감사하는 기도를 올렸다고 해.

후추의 땅 인도를 찾은 다음 유럽의 분위기는 한껏 달아올라서 인도로 가려는 배들로 항구가 북새통이었지만 인도는 고요했대. 크고 강하면서 아쉬울 것 없이 넉넉한 나라가 인도였거든. 여기저기서 자라는 게 향신료 나무니까 그걸 가져가는 유럽 사람들에게 별 관심이 없었던 거야. 후추를 가져가는 대가로 주는 구슬과 포도주 따위가 조금 신기했지만 가난한 나라가 바치는 선물쯤으로 생각했다지. 참, 포르투갈 사람들은 인도에서 면직물도 함께 챙겼대. 옷이 되고 이불이 되는 직물이 면인데, 인도에는 빛깔이 곱고 화려한 면직물이 많았거든.

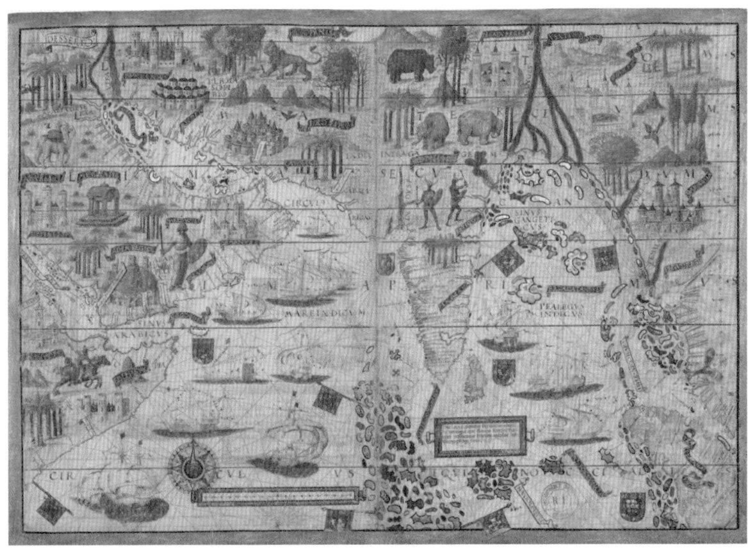

1519년 포르투갈에서 제작한 인도양 지도. 고아, 말라카 같은 도시가 나타나 있다.

그런데 이들은 새로운 땅을 만나서 삶을 바꾼 경험이 있는 유럽 사람들이잖아. 포르투갈을 비롯한 유럽 상인들은 인도에서 후추를 가득 실은 다음 유럽으로 돌아가지 않고 인도양 바다 구석구석을 누볐어. 보이는 땅마다 정박했고 온갖 신기한 향신료들을 배에 가득 실었지. 이들은 공짜로 물건을 가져가지 않고 인도에서 챙긴 면직물과 각종 향신료를 맞바꾸었대. 이들은 일본 항구에 들러서는 총을 팔았는데 그 덕분에 일본은 아시아 최강 전력을 갖추었어. 총을 믿은 일본은 1592년 임진년에 조선을 공격하여 전쟁을 일으키기도 했지.

유럽 상인들은 더 많은 물건을 차지하기 위해 자기들끼리 아시아 땅에서 전쟁을 벌였으며 저항하는 아시아의 군대를 물리치기 위해 마을과 항구에 불을 지르기도 했다지. 그러다가 아시아 교역의 중심지였던 고아, 말라카 같은 항구 도시를 식민지로 삼았대. 민족과 국경을 넘어 장사를 하고 정치를 하는 제국주의가 아시아에서도 펼쳐지게 된 거야. 참, 돈이 되는 물건을 찾아 아시아 남쪽 바닷가를 헤매는 유럽 상인들이 중국을 찾는 건 이제 시간 문제였어.

목마른 사람이 물을 찾아 나선 셈이지. 나눌 만한 물건도 없는 가난한 땅에서 다투던 유럽 사람들이 넓고 풍요로운 아시아 땅을 식민지로 삼았으니 아주 극적인 반전이었지. 쉬지 않고 바다를 누비며 유럽이 부자가 되는 시절, 16세기 대항해 시대였어.

④ 아메리카에 간 유럽 사람

황금과 상아가 널린 땅과 후추나무가 빽빽하게 자라는 땅을 발견했다는 소식이 항구에 번지는 순간에도 꿋꿋하게 항해 계획서를 검토하는 사람들이 있었어. 인터넷 접속이 안 되어서 세상 물정을 몰랐던 건 아니고, 아직 칸의 나라를 찾은 건 아니기 때문에 터트릴 대박이 남았다고 생각하는 사람들이었지. 몇 년 동안 숨만 쉬면서 공부하고 준

비해서 항해 계획서를 완성했는데 배도 못 띄우고 꿈을 접으면 두고두고 아쉽잖아.

제노바 출신의 상인 콜럼버스도 칸의 나라를 꼭 찾아서 부자가 되고야 말겠다는 다짐을 하면서 오늘도 어제처럼 항해 계획서를 검토하며 포르투갈의 바닷가를 서성이는 사람 중 하나였어. 그 시절의 다른 탐험가와 상인들처럼 그도 지구가 둥글다는 것을 믿었고 다른 이들처럼 서쪽으로 계속 가다 보면 유럽의 동쪽에 있다는 중국에 닿을 거라고 생각했지. 그런데, 항해 계획서가 완성된 지 7년이 지나도록 배를 띄울 수가 없었어. 배도 없고 선원도 없고 뱃사람들이 먹을 식량도 없었지만 무엇보다도 그 모든 것을 후원할 사람이 없었던 거야.

온갖 항해 계획서가 춤추듯 날려도 결정적인 매력이 없으면 후원자 찾기가 별 따는 것만큼이나 어려운 항해의 시대였지. 그런데 드디어 콜럼버스에게 기적이 찾아왔어. 에스파냐의 이사벨 여왕과 페르난도 왕이 콜럼버스의 항해를 후원하겠다고 나선 거야.

1492년 8월, 콜럼버스가 이끄는 배 세 척이 에스파냐의 팔로스 항구를 떠나 대서양으로 나아갔어. 서쪽으로 가다가 만나는 땅은 틀림없이 중국이나 인도일 거라고 확신하며 항해한 지 두 달 만에 드디어 섬이 나타났고 콜럼버스 일행은 닻을 내렸어. 섬에는 사람이 살았고 유럽에는 없는 신기한 나무들이 자라고 있었지만 황금은 없었어. 콜럼버스는 이 땅이 중국으로 가는 길에 있다는 인도라고 생각했대. 틀림없이 인도인데 왜 황금과 후추가 없는지 궁금했지. 콜럼버스는 둘

아메리카에 도착한 콜럼버스 일행을 그린 그림(위)과 콜럼버스를 비롯한 유럽 사람들이 항해한 결과 1591년에 만들어진 지도(아래). 대서양을 사이에 둔 플로리다와 쿠바를 자세하게 그렸다.

레에 있는 크고 작은 섬 여럿을 꼼꼼하게 탐사하면서 몇 달을 보냈대. 그리고 귀국한 다음 약속한 후원금을 받기 위해서 항해 보고서를 적었는데 사실과 희망사항을 적절하게 버무린 보고서였다지. 자신은 인도의 여러 섬을 확인했다고 했어.

콜럼버스의 원정대가 도착한 곳은 인도가 아니었지만 유럽 사람들이 듣도 보도 못한 새로운 땅이 분명했어. 훗날 아메리카 대륙이라고 불리는 땅. 콜럼버스 일행이 처음으로 닻을 내린 곳은 지금 미국의 동남쪽 끝 플로리다 반도 아래에 있는 산살바도르 섬이었어. 카리브 해에 있는 섬인데 여기 둘레의 섬들을 묶어서 서인도 제도라고 불러. 콜럼버스가 인도의 서쪽 섬들로 잘못 알고 붙인 이름이 진짜 이름으로 굳어진 거야.

⑤ 지구를 연결하는 안데스의 은

인류가 가장 나중에 도착한 땅이고 역사에 한 번도 등장한 적이 없는 대륙, 아메리카 땅에 온 유럽 사람 이야기를 할 차례야. 콜럼버스가 대륙의 작은 섬에 첫 발을 디딘 때가 1492년이니까 500년쯤 전이지. 지구 사람들이 아옹다옹 사는 이야기에 엄청나게 큰 이 대륙이 등장한 지 겨우 500년 되었다는 말이야. 이 땅에 사람이 살기 시작한 건 몇만 년 전이지만. 아프리카와 아시아 사람들도 모르는 땅이었고 유럽 사람들도 물론 모르는 땅이었으니까 참으로 신선하고 생생한 땅이 분명했어. 유럽 사람들은 젊은 이 땅을 방문한 첫 번째 이방인이 된 것이지.

새로운 땅 아메리카에 가장 먼저 도착한 사람들은 콜럼버스의 항해를 후원한 에스파냐의 탐험대였는데 이들은 산을 통째로 파헤치는 과감한 행동을 했어. 이유 없이 그런 건 아니야. 남아메리카 땅을 동서로 가르는 안데스 산맥 알지? 높고 험한 이 산맥의 한복판을 탐사하던 에스파냐 사람들이 은 광맥을 찾았거든. 은이 발에 치이는 정도가 아니라, 은이 모여서 산을 이루고 옆에 그 옆에 은이 꽉 찬 산이 이어지는 은 광맥이었어. 산을 파고 또 파도 은이 계속 나오니까 환호성을 지를 짬도 없었대. 은은 널려 있는데 사람이 없어서 캐내지 못할 지경에 이르도록 은을 캘 수 있었지.

그래서 은에 파묻히거나 치이는 대형 사고가 일어난 건 아니고, 지구 곳곳에서 이루어지는 물건 거래를 은으로 하는 세상이 열렸어. 황금 가져가면서 구슬 몇 개 주는 식의 거래나, 후추 쓸어 담고서 단추 몇 개 던지는 식의 거래는 이제 끝난 거야. 어느 땅 어느 나라에 살든, 필요한 물건이 있으면 은을 내고 사야 하는 은본위 시대가 안데스 산맥의 은 덕분에 열린 것이지.

그리하여 이런 풍경이 펼쳐졌지. 은이 넘쳐나는 에스파냐 사람들이

안데스 산지에 위치한 볼리비아 포토시. 16세기에 은 광맥이 발견되면서 포토시에 도시가 형성되었다.

중국에 가서 은을 내고 비싼 도자기나 비단을 왕창 사는 거야. 그렇게 산 물건을 유럽에 가져가면 비싸게 팔렸고 에스파냐 사람들은 더 부자가 되었어. 에스파냐 사람들은 넘쳐나는 은으로 배도 만들고 총도 넉넉하게 만들었어. 그리고 전쟁을 하러 떠났어. 새로운 땅 아메리카나 아시아, 아프리카에 가서 총을 들이대고 이 땅은 이제 에스파냐의 것이라고 선포하는 거야. 그럼 에스파냐는 식민지를 얻게 되고 원하는 물건을 공짜로 갖게 돼. 은을 공짜로 차지한 것처럼 식민지 땅의 모든 걸 공짜로 갖는 것이지.

신대륙 아메리카에서 노다지를 캔 건 에스파냐 사람만이 아니었어. 영국 사람들은 원주민에게 소개받은 신비로운 약초 덕분에 길고 험난

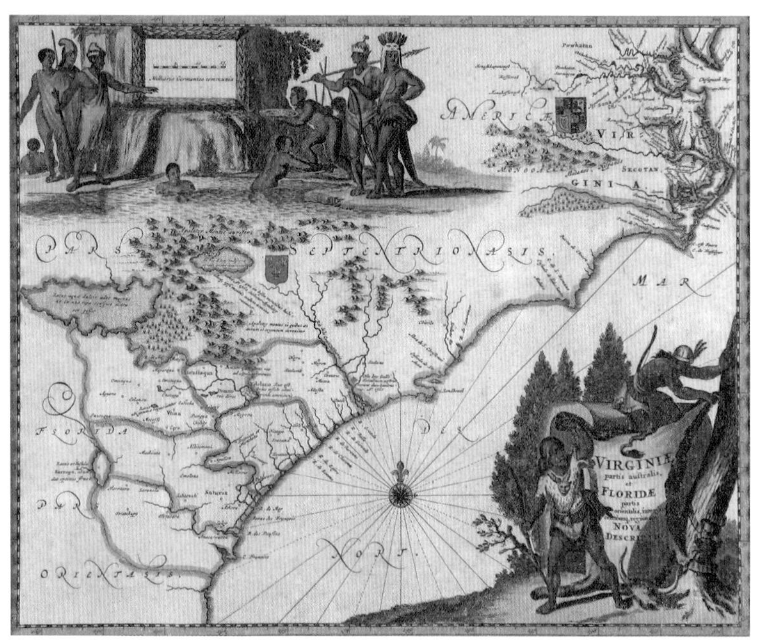

1671년 제작된 버지니아, 플로리다 지도. 서양인의 눈으로 본 원주민의 모습이 묘사되어 있다.

한 항해를 보상받았어. 아메리카 원주민이 현실 세계에서 초현실 세계로 이동하거나 영혼과 대화를 할 때 이용하던 약초가 있었는데 영국의 뱃사람들과 성직자들은 약초의 매력에 사로잡혀 약초 장사를 하기로 마음먹었어. 원주민처럼 초현실 세계로 가는 건 쉽지 않았지만 약초는 치통과 천식을 가라앉히고 허기를 잊게 해 주었으며 머리를 맑게 했지. 아메리카 원주민의 신비한 약초, 담배였어.

영국 사람들은 지금의 미국 땅 버지니아 주에 살던 원주민에게 담배밭을 받아서, 그러니까 밭을 약탈해서 키운 다음 완제품 담배를 만들어 유럽에 팔았는데 선풍적인 인기였어. 차와 커피를 사기 위해 들른 아시아에서도 담배를 팔았는데 남김없이 팔렸지. 아메리카 대륙에 도착한 영국 사람들은 담배 덕분에 나날이 부유해졌고, 지구 사람들은 담배로 하나가 되었어.

16세기는 바다를 떠돌던 유럽 사람들이 만든 새로운 세상이었어. 아메리카의 은이 아시아와 아프리카에서 돌아다니고 아메리카의 담배가 유럽과 아시아에서 인기 상품으로 등장하는 놀라운 시절, 바야흐로 지구촌 시대가 열린 거야.

⑥ 다시 아프리카로 간 유럽 사람들

세상의 온갖 물건을 유통하게 만든 대항해 시대의 끄트머리, 유럽 사람들은 돈을 벌 수 있는 모든 방법을 궁리한 다음 실행했는데 예를 들면 이런 일이었어.

사탕수수 나무의 줄기에서 즙을 짜서 끓이면 맛난 설탕이 만들어지는데 이 나무는 인도에서만 자랐어. 유럽 귀족들은 설탕을 참 좋아해서 가져다 팔면 돈을 벌 수 있는데 인도에서 유럽까지는 거리가 멀잖아. 그래서 영국과 프랑스 상인들은 이런 생각을 했다지. 아메리카 대륙에서 설탕을 만들면 유럽으로 가져가기에 좋으니까 인도와 기후가 비슷한 땅을 아메리카에서 찾자! 그래서 카리브 해의 여러 섬이 선택되었어.

유럽 사람들은 인도에서 뽑아 온 사탕수수 나무를 카리브 해 섬들에 심었어. 섬에서 자라는 다양한 작물을 모두 없애고 섬을 통째로 사탕수수 농장으로 만들었지. 유럽 사람들은 아메리카 땅에서 이런 식으로 커피 농장도 만들고 목화 농장도 만들었어. 빼앗기만 하던 시기를 지나, 적극적으로 상품을 생산해서 장사를 한 거야.

그러다가 유럽 사람들은 사람 상품을 팔기에 이르렀어. 갸우뚱하겠지만 사람 맞아. 한번 재미가 좋으면 자꾸 하고 싶어서 뭔가를 궁리하게 되잖아. 돈 버는 재미에 푹 빠진 유럽 사람들은 오로지 상품 개발에만 몰두하고 있었는데 아메리카 대륙에 온 기독교 선교사가 때마침 사람 상품을 아이디어로 낸 거야.

이번에도 아프리카 서쪽 바닷가였어. 유럽 여러 나라에서 출항한 배들이 바닷가에서 대기했고 배에는 아프리카 사람들이 실렸는데, 이들이 상품이었어. 사냥을 당한 아프리카 사람들. 유럽 사람들은 아프리카 사람들을 구입하는 대가로 인도산 면직물을 건네기도 했다지. 어쨌거나 배에 실린 '상품'은 짐칸으로 보내진 다음 차곡차곡 포개졌고, 화물의 수량을 확인한 배는 아프리카의 항구를 출발해서 대서양으로 나아갔어. 모든 항해가 그렇듯이 아메리카 대륙으로 가는 중간에 우여곡절이 많았는데 꽁꽁 묶인 인간 화물이 죽거나 아파서 쓰러지는 문제가 그중에서도 큰 골칫거리였지.

이들은 문제가 생긴 인간 화물을 놓고 돈 계산을 했어. 죽어 버린 인간 화물 탓에 얼마나 손해가 났는지 가늠해 본 거야. 손해를 메울 방법을 궁리하다가 떠올린 것이 유실물과 관련한 보험 조항이었대. 항해 중간에 화물이 유실되면 보험회사가 보상한다는 조항. 배 안에서 아프리카 사람들이 죽으면 가치를 잃고 쓸모없어지지만 이들을 잃어버리면 유실물이 되는 거야. 계산이 이렇게 나오니 더 생각할 것도 없었어. 이들의 목적은 오로지 돈이었거든. 유럽의 노예 상인들은 이미 죽었거나, 병들어 노예로 팔기 어려워진 아프리카 사람들을 바다에 던져 '유실물'로 처리했어. 아마도 그들은 항해가 끝난 후 보험금을 두둑히 챙기고서 기뻐했겠지.

끔찍한 대서양 항해를 마치고 살아남은 인간 화물들은 아메리카 대륙에 도착해서 판매되었는데 대개는 카리브 해의 사탕수수 농장, 북아메리카의 담배나 목화 농장, 남아메리카의 커피 농장과 광산에 노예로 팔렸어. 주인이 시키는 대로 일을 하고 대가를 받지 않는 사람이 노예잖아. 사냥을 당해서 끌려온 아프리카 사람들이 아메리카 대륙에서 노예로 살기 시작한 거야. 노예 무역선을 탄 사람이 2,000만 명이라고도 하고 5,000만 명이라고도 해. 어마어마한 숫자인데, 숫자를 떠나서 이 일은 과연 사람이 했을까 싶은 야만이자 폭력이었지. 사람이어서 이런 일을 저질렀는지도 모르고.

영국의 화가 윌리암 터너가 1840년에 그린 이 그림의 원래 제목은 '바다로 던져지는 죽었거나 죽어 가는 노예들, 몰려드는 태풍'이었다. 터너는, 죽었거나 죽어가는 흑인을 물속에 던지고 카리브 해를 항해하는 〈노예 무역선〉을 그렸다.

17세기에 아프리카 서쪽 해안에서 사람 사냥을 했던 유럽 사람들은 100년쯤 후에는 동쪽 해안에서도 사람 장사를 시작했어. 아메리카 대륙에 새롭게 들어선 나라 미국도 이때 노예 장사에 열심이었지.

공식적으로 모든 노예 무역이 멈춘 19세기, 잠시 고요해진 아프리카에 새로운 유럽 사람들이 오기 시작했대. 의사와 선교사들이야. 우리가 잘 아는 의사 겸 선교사 있잖아, 슈바이처 같은 사람들이 아프리카에 온 거야. 아프리카에 몸이 아픈 사람이 많아 의사가 필요했고 마

오늘날에도 물건을 가득 실은 배가 대륙과 대륙을 이어 주고 있다.

음이 아픈 사람도 많아 선교사가 필요했다고 해.

그런데 조금만 생각하면, 아프지 않은 게 더 이상했지. 유럽 사람들이 황금과 상아를 가져가더니 사람까지 잡아갔잖아. 파괴와 약탈, 수장과 인신매매를 당하거나 목격한 사람들인데 어찌 아프지 않을 수 있겠어. 물건을 빼앗겨 가난해지고 친구가 사라져서 슬픈 사람들인데 어떻게 멀쩡할 수 있겠어. 그래서 또 생각하면, 시간을 돌려놓는 것 말고 이들에게 더 필요한 치료가 있었을까 싶어. 가난 속에서도 분노하지 않고 살아야 한다는 성스러운 위안으로 아픈 아프리카를 보듬을 수 있었을까 싶은 거야. 아프리카가 유럽의 식민지에서 벗어난 건 1950년대쯤이었어. 참으로 긴 500년이었지.

모험과 탐험, 인생 역전을 꿈꾸면서 바다로 나가는 시절은 오래전에 끝났어. 지구에 더 찾아야 할 땅도 없지만 막힌 땅길도 거의 없고 무엇보다 하늘길이 생겼잖아. 600년 전 유럽 사람들이 배를 타고 떠돌던 바다에는 지금 컨네이너를 빽빽하게 실은 화물선과 유조선이 떠가고 있어. 서아시아와 중국을 출발한 다음 수에즈 운하를 통과해 유럽으로 가는 배들이고 미국 서쪽 바닷가에서 물건을 싣고 파나마 운하를 지나 대서양을 항해하는 배들이야. 후추와 은, 담배와 설탕이 연결한 지구의 바다를 석유를 비롯한 다양한 상품들이 잇고 있는 거야. 그럼 말이야, 사람이 바다로 나가는 이유는 말이야, 물건 때문일까? 500년 전처럼 지금 바다에도 물건들이 동동 떠 있어.

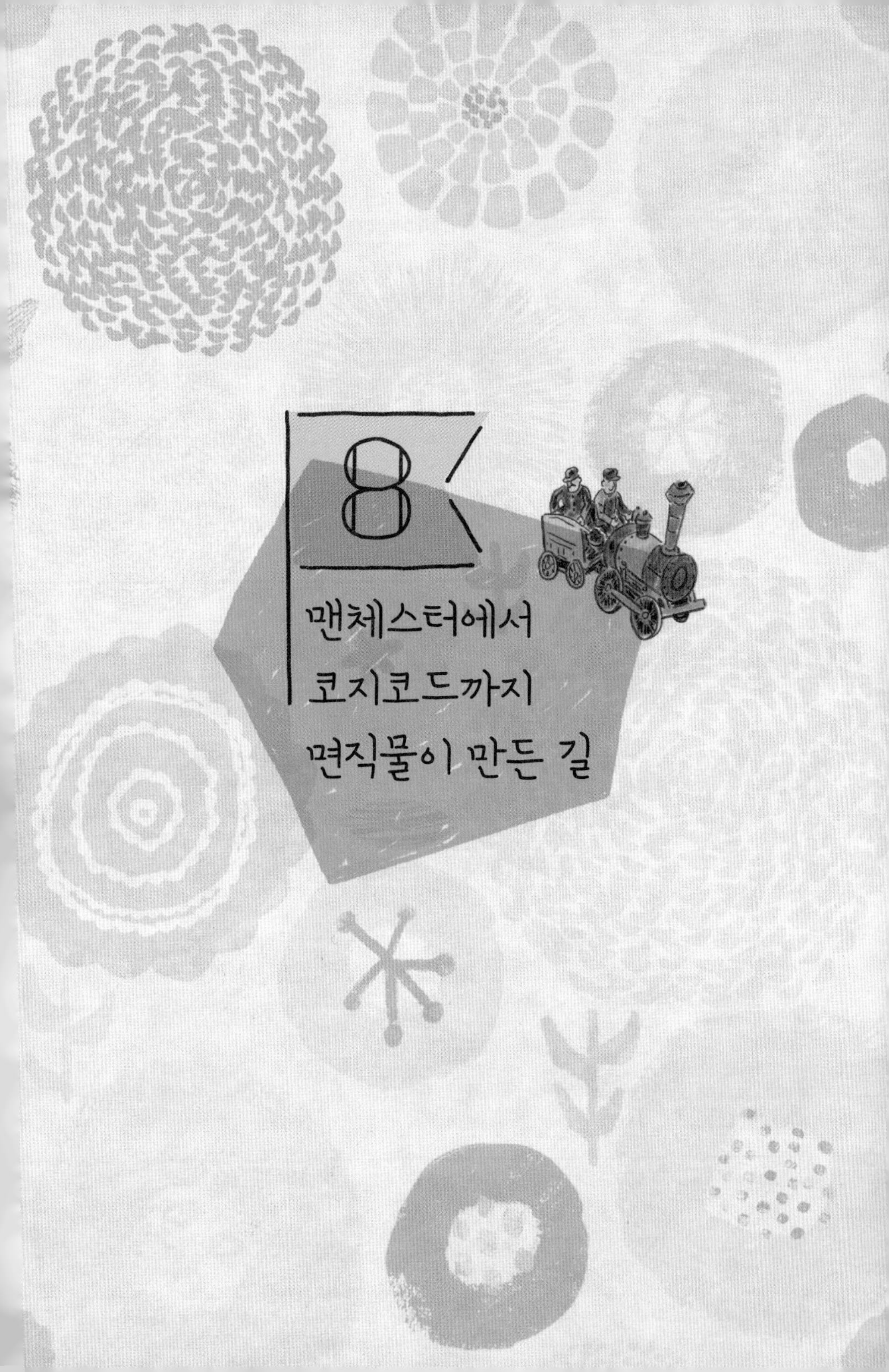
8
맨체스터에서
코지코드까지
면직물이 만든 길

직녀는 물레를 돌려 실을 뽑고 베틀에 실을 걸어 직물을 짰어. 이렇게 만든 직물로 옷도 짓고 이불도 만들었겠지. 세상에서 가장 따뜻한 꽃 목화솜도 직물로 변신하는데 바로 면직물이야. 이번 길의 주인공이지.

1760년 무렵에 목화솜에서 실을 뽑는 기계가 발명되었고 그 실로 직물을 짜는 기계도 만들어졌어. 기계를 움직이는 증기기관도 있었지. 영국 사람들은 이 모든 기계를 한 건물에 모아 공장을 만들었고 공장의 기계를 돌려 면직물을 짰어. 지구 최초의 공장에서 만든 첫 생산품이 면직물이었던 것이지.

생산 방식이 변하니까 세상이 통째로 바뀌었대. 사람이 하는 일이 달라졌고 도시의 공기가 변했으며 지구 사람 모두 같은 물건을 쓰게 되었지. 산업혁명이었어. 산업혁명의 상징인 면직물이 만들어져 팔리는 길 이야기야.

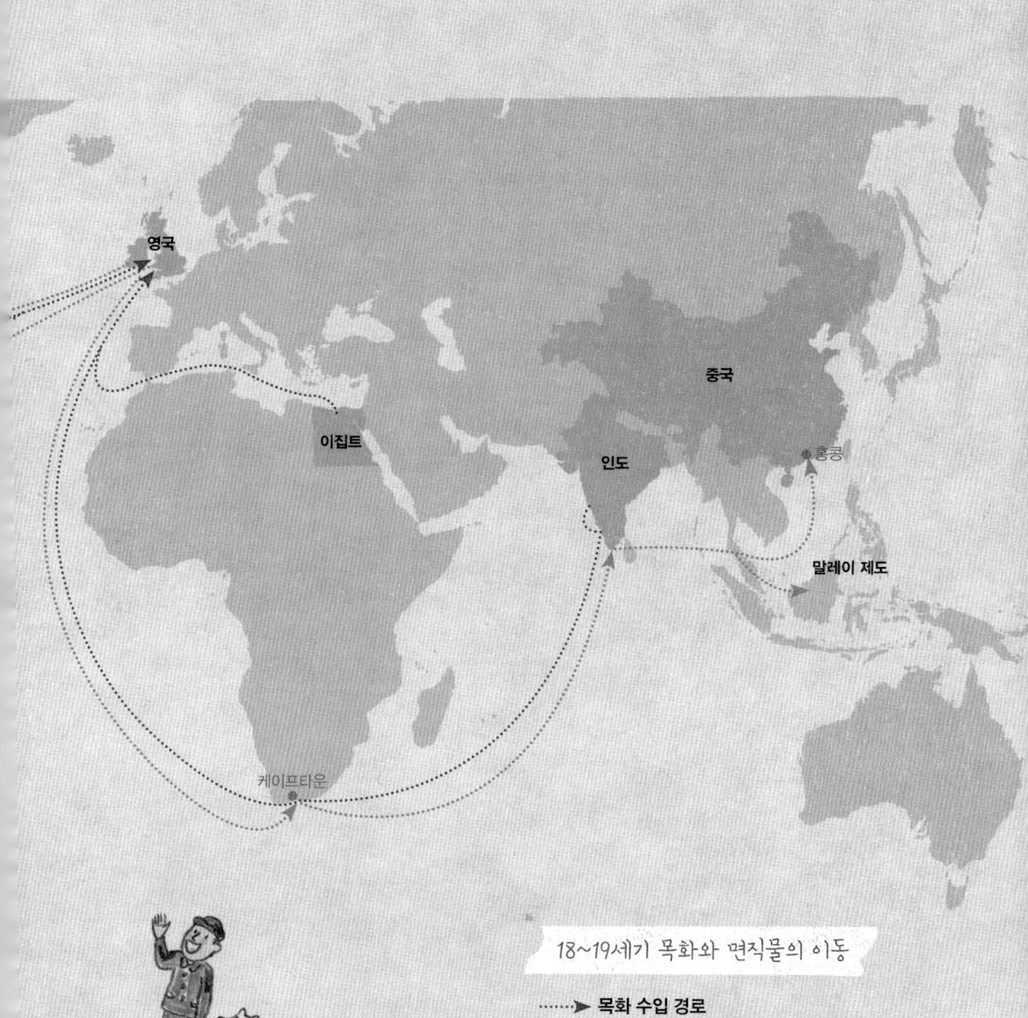
영국
중국
이집트
인도
홍콩
말레이 제도
케이프타운
18~19세기 목화와 면직물의 이동
목화 수입 경로
면직물 수출 경로

① 코지코드 항구에서 온 캘리코

캘리코는 이국적인 물건이었어. 영롱하게 빛나는 천을 바라보면 모든 것이 찬란하게 반짝이는 세상에 온 것만 같았거든. 꽃과 나무, 새와 동물 무늬가 또렷하게 물든 천을 보고 있으면 이런 새와 나무가 있는 풍경 속으로 들어온 것만 같았지. 중국 비단이 화려하고 고급스럽다면 인도의 캘리코는 아름답고 신비로웠어.

유럽 귀족 여성들 사이에서 캘리코가 유행하기 시작한 때는 1650년 무렵이었어. 배를 타고 바다에 나갔다가 인도에 들른 사람들이 귀한 물건을 한가득 싣고 돌아왔는데 그중에 캘리코가 있었어. 유럽 곳곳에 선보인 캘리코 천은 얇지도 두껍지도 않았고 무척 부드러웠어. 한산하지도 빽빽하지도 않은 무늬는 볼수록 신비로웠고, 빨아도 변하지 않는 천은 늘 새것 같았지. 의자걸이와 커튼, 침대보를 만들어도 좋을 것 같고 옷을 지어 입어도 그만일 것 같은 쓸모 많은 물건이 캘리코였던 거야.

유럽이 사랑한 인도의 캘리코는 우리가 옥양목이라고 부르는 천이야. 무명이라고도 하고 면이라고도 부르는 정말 흔한 직물이지. 좀 민망하지만, 다들 속옷이 면이잖아. 이불도 면이고 베개도 면이니까 요새는 귀하지도 않고 특별하지도 않은 천이지. 하지만 예나 지금이나 몸에 좋고 쓸모가 많은 직물인데 아주 오래전부터, 그러니까 기원전부

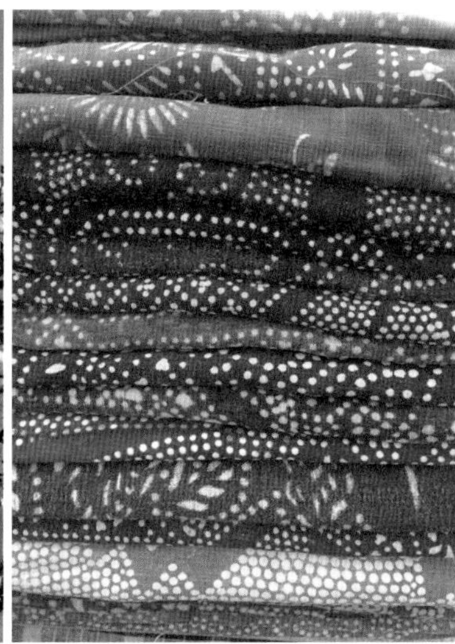

인도의 목화 재배(왼쪽)와 인디고 색상으로 물들인 면직물들(오른쪽).

터 인도 사람들이 면직물을 만들었어. 인도 땅에는 목화나무가 자라고 있었거든. 인도 사람들은 하얀 솜에서 실을 뽑았고 한 올 한 올 실을 엮어 고운 직물을 만든 다음 옷도 짓고 이불도 만들었어.

인도의 장인들은 곱게 뽑은 실을 다섯 가지 색깔로 물들였고, 고운 빛깔 실을 엮어 직물을 짜면서 신비로운 무늬를 만들었어. 이렇게 완성한 캘리코는 모두 아름다웠지만 그중에서도 으뜸은 인디고 풀로 물들인 천이었어. 보랏빛도 나고 밝은 푸른빛도 나는 인디고는 인도 캘리코에 신비를 더하는 최고의 빛깔이었지.

인도 사람들이 고운 면직물을 만든 건 정교한 솜씨와 뛰어난 기술 덕분이기도 했지만 넉넉한 살림이 바탕이었어. 비옥한 땅에는 먹을 것이 늘 자랐고 이 땅에서만 자라는 향신료도 많아서 인도 사람들은 먹고살 걱정이 없었던 거야. 고운 옷을 입기 위해서 이런저런 노력을 할 수 있는 몸과 마음의 여유가 있었다는 말이지.

면직물은 아라비아 상인들이 인도의 물건을 가져가 팔기 시작하면서 유럽 사람들에게 소개되었는데 처음에는 반응이 신통치 않았대. 후추와 생강, 계피 같은 인도의 향신료만 선풍적인 인기를 끌었다지. 다 이유가 있었어. 그때 유럽은 살아남기 위해서 거친 바다를 떠돌고 있었거든. 옷감에 눈을 돌릴 만큼 여유가 없었던 거야. 그러다 드디어 유럽이 새로운 땅을 찾았고 먹고 사는 문제를 어느 정도 해결했어. 유럽 사람들이 인도에서 온 직물을 캘리코라고 부르며 눈길을 주기 시

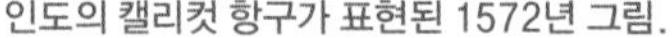

인도의 캘리컷 항구가 표현된 1572년 그림.

작한 때가 형편이 나아진 이 무렵, 17세기였어. 참, 캘리코는 옥양목이 배를 타고 출발한 인도의 항구 캘리컷에서 온 이름이었는데, 지금 이 도시의 이름은 코지코드로 바뀌었어.

❷ 유럽을 휩쓴 인도의 면직물

인도산 면직물은 유럽 사람들의 침실과 거실, 옷장 속으로 빠르게 스며들었는데 누가 뭐래도 최고의 면직물은 옷으로 변신한 옥양목이었지.

웬만하면 사시사철 양털로 짠 모직물을 입던 유럽 사람들이었거든. 모직 옷을 입다가 면직 옷을 입었으니 얼마나 가벼웠겠니? 묵직한 등짐 하나를 내려놓은 느낌 아니었을까 싶어. 이렇게 가벼운데 춥지도 않잖아. 알지? 면을 두 겹 대면 정말 따뜻해. 그리고 바람 솔솔 드나드는 면은 여름에도 딱이었어. 땀을 잘 흡수하고 막 빨아도 변하지 않으니까 이보다 좋은 여름 옷감이 없었던 거야. 이렇게 좋은 면직물은 저렴하기까지 했어. 좀 형편이 나은 유럽 사람들은 거칠고 시원한 네덜란드산 아마포로 여름옷을 만들어 입었는데 아마포보다 부드럽고 고운 데다 시원한 면이 가격은 아마포의 3분의 1이었던 거야. 이제 인도산 면직물에 견줄 만한 천은 유럽에 없었어.

인도의 면은 유럽에서만 팔린 게 아니었어. 이때가 17세기잖아, 유럽 사람들이 배를 타고 인도양과 대서양, 태평양을 항해하며 물건을 팔던 시절. 유럽 사람들은 아프리카와 아시아, 아메리카 땅에 사는 사람들에게 인도산 면직물을 팔았어. 지구 사람 넷 중 하나는 인도 면으로 만든 옷을 입었다니까 면직물 덕분에 돈을 긁어 모으고 있었지.

상황이 이렇게 돌아가니 인도에서는 피 튀기는 경쟁이 벌어졌어. 면직물을 독점하면 큰돈을 벌 수 있으니까 인도의 항구도시에 동인도 회사 하나씩을 차린 영국과 포르투갈, 네덜란드 사람들이 진짜 전쟁을 벌인 거야. 경쟁자를 물리치고 면직물, 특히 인디고로 물들인 캘리코를 배에 실으려고 인도 앞바다에서 대포를 펑펑 쏘아 댄 것이지. 빼어난 손놀림으로 훌륭한 천을 만들어 내는 인도 사람들과는 아무 관련이 없는 싸움이 인도에서 벌어진 끝에 영국 상인들이 면직물 독점권을 손에 넣었어. 이제 지구 곳곳에서 팔리는 인도산 면직물은 모두 영국 상인을 거치게 되었다는 말이지.

18세기가 되어서도 인도 천의 인기는 사그라들지 않았고, 영국 사람들은 슬슬 걱정을 시작했어. 인도에 수출하는 물건도 없는데 수입품이 너무 많다는 걱정이었지. 면직물과 후추와 차를 사느라고 인도에 주는 금과 은이 어마어마했으니까 갑자기 억울한 느낌이 밀려온 거야. 아프리카와 아메리카에서 쓸어 담은 돈을 인도에 바치는구나, 이런 생각. 면직물을 원하는 사람과 지역이 갈수록 늘어 간다는 점도 고민이었어. 영국을 비롯한 유럽 사람들이 새로운 땅을 자꾸 찾으니까 아메리카와 아시아, 아프리카로 이주하는 유럽 사람이 참 많았거든. 풍토와 기후가 다른 곳으로 이사를 가면 거기에 어울리는 옷과 이불을 먼저 마련해야 하잖아. 그래, 그거야. 유럽 사람들이 가는 곳은 그 어디든 면직물이 함께 간다는 말이야. 면직물 시장은 말 그대로 맑고 밝고 시원하게 열려 있다는 생각에 이르러서 영국 사람들은 근심과 우울 따윈 집어 던지고 대책을 마련하기 시작했대.

첫 번째 대책은 1721년에 발표하고 실시한 인도 면직물 수입 금지였어. 일단 방어를 하자 생각한 거야. 두 번째 대책은 자생력을 기르기. 면직물은 꼭 필요할 뿐만 아니라 돈이 되는 물건이니 영국에서 만들자 생각한 거야. 그리하여 영국은 인도에서 면직물 대신 목화솜과 인디고 풀을 수입했고 어깨 너머로 배운 방법 그대로 물을 들이고 직물을 짰어. 원료와 방법은 같았지만 결과는 정말 달랐어. 인도 사람들의 능숙한 손놀림을 도저히 따라갈 수 없었는지 거칠고 투박한 면직물이 만들어진 거야. 말도 안 되는 결과였지만 영국 사람들은 쉬지 않고 면직물을 만들었어. 참, 영국이 인도산 면직물을 더 이상 사지 않았지만 인도는 여전히 경제 강국이자 세계의 공장이었어. 1750년의 세계 총생산 가운데 24퍼센트를 인도가 만들었으니까 최고 중에 최고였지.

인도산 면직물과 똑같은 품질을 목표로 이런저런 시도를 하던 영국 사람들은 결국, 드디어, 완벽한 옷감을 만든 것이 아니라 기계를 만들

1878년 무렵 인도의 봄베이 목화 시장을 묘사한 옛 엽서(위)와 영국의 맨체스터 면직물 공장 내부를 묘사한 그림(아래).

었어. 목화솜에서 실을 뽑는 기계, 씨실과 날실을 엮어서 직물을 짜는 기계. 한번 만들어진 기계는 진화를 거듭하다가 마침내 메이드 인 인도에 버금가는 직물을 짜게 되었지. 면직물을 만드는 기계가 완성된 다음 사람들은 기계를 움직이는 방법을 연구하기 시작했고, 때마침 그 시절 탄광에서 개발된 증기기관을 주목했어. 석탄을 태워 물을 끓인 다음 여기서 나오는 증기 압력으로 기계를 움직여 면직물을 만들면 어떨까, 이런 생각을 한 거야.

③ 산업혁명이 시작된 맨체스터의 면직물 공장

새로운 역사를 시작한 해는 1771년이었어. 영국의 텅 빈 시골 마을 맨체스터에 면직물을 만드는 방직 공장이 들어섰는데, 이곳에 공장이 들어선 이유는 순전히 물 때문이었지. 마을에는 근처 계곡 물이 흐르는 수로가 있었는데 사람들은 물이 떨어지는 힘으로 기계를 돌릴 수 있겠다 생각한 거야. 게다가 마을을 도는 수로는 공기를 습하게 만들었는데 이게 참 좋은 조건이었어. 살갗에 달라붙는 눅눅한 공기가 가느다란 실을 착착 달라붙게 만들었는지 이곳에서 짠 직물은 유난히 촘촘했거든.

맨체스터에서는 한동안 물의 힘을 이용해서 면직물을 만들다가 증기기관의 힘으로 기계를 움직여 면직물을 짜게 되었어. 어느새 면직물 공장은 300개 남짓으로 늘었고, 공장의 굴뚝들이 경쟁하듯 매연을 뿜어 대면서 하얀 보호색을 가졌던 흰나방이 검은나방으로 변할 정도로 맨체스터의 공기는 매캐해졌지. 이 매캐한 공기를 들이마시며 도시 둘레에 사는 사람이 1774년에 4,000명이었고 1801년에는 9만 5,000명이었으며 1834년에는 40만 명이었다니까 작은 마을 맨체스터는 면직물과 함께 빽빽하고 팽팽해진 셈이야.

맨체스터의 공장에서는 기계가 물건을 만들었지만 기계와 공장을 움직이는 건 사람이었어. 목화솜에서 뽑은 실을 씨실 바늘 수십 개와 날실 바늘 수십 개에 일일이 꿰어야 씨실 판과 날실 판이 번갈아 움직이면서 직물을 짜거든. 이 기계 바늘에 실을 꿰는 건 사람이었어. 박자 맞추어 움직이는 기계 바늘에 매달린 실이 한 올이라도 끊어지면 직물이 성글어지잖아. 그럼 상품 가치가 떨어지니까 여간 큰 문제가 아니야. 기계에서 눈을 떼지 않고 있다가 실이 끊어지기 무섭게 기계 밑으로 들어가서 실을 잇는 일도 사람이 했어. 기계가 낮으니까 키가 아주 작은 사람, 예닐곱 살 된 어린아이들이 이런 일을 했지.

작고 어린 아이들이 낮 시간에 있어야 할 곳은 별일이 없으면 학교잖아. 그런데 19세기 영국에서는 가난한 아이들이 학교에 가는 건 정말 어려웠대. 엄마 아빠는 돈을 벌기 위해서 아침 일찍 집을 나서는데 이때 아이들을 동네 수도원으로 보냈다는 거야. 수도원 알지? 기독

영국 면직물 공장에서 일하는 어린 노동자들.

교 성직자가 되기 위해서 공부와 수련을 하는 곳인데 그 시절 영국에서는 수도원이 어린이집 역할도 했대. 일을 하는 부모 대신 아이를 학교에 보내는 것도 수도원의 몫이었지. 그런데 수도원이 아이를 학교가 아닌 공장에 보내는 경우가 많았는데, 특히 맨체스터에서 그랬다지. 공장은 끊긴 실을 이어 줄 아이가 필요했고 수도원은 돈을 챙겼대.

맨체스터에 가면 일거리가 있다는 말을 듣고 온 사람들이 길게 줄을 선 도시, 이곳에서 벌어진 일은 우리의 예상대로였어. 돈을 적게 줘도 좋으니까 일거리를 달라는 이들이 많아서 공장 주인은 적은 임금을 주고 사람을 고용해서 기계를 돌렸대. 기계를 작동시킬 수 있는 능력만 있으면 여성과 어린이도 가능하다면서 더 적은 돈을 주고 이들을 고용했다지. 공장의 방직기는 하루 종일 돌아갔고 사람들은 온 종일 기계 앞에 묶여 있었어. 그렇게 일을 한 어른들과 아이들은 돈을 탈탈 털어 빵과 차와 설탕을 샀대. 맨체스터의 면직물 공장은 사람이 하는 일을 바꾸었고 공장에서 쏟아져 나온 면직물은 옷과 집과 생활을 바꾼 것이지. 삶을 바꾸는 생산 방식의 혁명, 산업혁명이 영국 맨체스터의 면직물 공장에서 시작되고 있었어.

④ 인도로 가는 맨체스터의 면직물

어린이들과 어른들은 침침하고 뿌옇고 먼지 날리는 공장에서 비명을 지를 짬도 없이 일을 했고, 공장의 주인들은 쌓이는 돈에 비명을 지를 정도였대. 영국의 공장에서 만든 면직물은 유럽은 물론 아프리카와 아메리카에서도 팔렸고 인도와 일본 같은 아시아 지역에서도 팔렸어. 말 그대로 세계적인 베스트셀러였지. 19세기 지구에서는 면직물 장사를 한다면 누구라도 부자가 될 수 있었는데 대개는 영국 상인들이 돈을 벌었어. 이들은 영국 면직물의 조상쯤 되는 나라 인도에도 물건을 팔았거든.

부족한 것이 없고 최고급 면직물도 많은 인도에 영국산 면직물을

파는 사건은 다채로운 일이 펼쳐지는 가운데 일어났는데 1765년에 결정적인 일이 있었어. 영국 해군이 군함을 타고 인도에 와서는 대포를 펑펑 쏘아 댄 거야. 그렇게 한참을 위협하더니 인도의 벵골 지역은 이제 영국 땅이라고 선포했지. 탐나는 땅 인도를 차지하기 위한 작업이 시작된 것이었지만 인도의 황제를 비롯한 정치인들은 그때 나라 남쪽에서 일어난 내분을 처리하느라 영국이 벌인 일의 의미를 몰랐대. 그리하여 무사히 벵골 지역을 차지한 영국은 인도에서 점차 세력과 권한을 넓힐 수 있었는데 마침 그 시절에 영국산 면직물이 인도에 도착한 거야.

인도의 캘리코와 똑같은 품질을 목표로 기계를 돌렸다지만 사람 손으로 만든 물건과 기계가 만든 물건은 정말 달랐지. 면직물 전문가인 인도 사람들은 품질의 차이를 금방 알았지만 결국 이들도 영국산 면직물을 샀대. 값이 너무나도 쌌기 때문이지. 우리도 이런 고민 하잖아. 한국산 포도가 맛있지만 칠레산 포도가 정말 싸면 갈등할 수밖에 없잖아. 주머니 사정이 안 좋으면 갈등은 더 깊어지고 말이야. 그리하여 인도의 빼어난 기술자들은 물레를 멈추었대. 훌륭한 솜씨로 정성껏 만들어도 팔리지 않는 상황이 되니까 면직물 만들기를 포기한 거야.

지구 최고의 생산국이자 자원 보유국이었던 인도는 이제 면직물을 물들이는 인디고 풀과 아편의 원료인 양귀비 풀을 기르는 나라가 되었어. 완성된 물건을 만들지 않고 영국 상인들이 내다 팔 수 있는 원

1866년 무렵의 인도. 세계 최고의 면직물 생산자였던 인도 사람들은 19세기에 목화를 재배하고 수확하는 일만 했다.

료만 생산하는 나라가 된 것이지. 그러다가 1857년에 인도의 황제가 영국군의 포로가 되었고, 1877년에는 영국의 빅토리아 여왕이 인도의 황후가 되었어. 그래, 인도는 영국의 식민지가 된 거야. 엄청난 인구와 지구 사람들 모두가 탐내는 자원을 가진 나라가 인도였잖아. 풍요로운 모든 것은 이제 영국에 속하게 되었어. 영국의 미래는 찬란할 터였지.

세계를 무대로 식민지 경영을 하는 영국 정부는 19세기에 맨체스터의 공장주라도 되는 것처럼 열심히 면직물을 팔았어. 영국의 상선이 세계 구석구석의 항구를 방문하여 영국 면직물에 대한 관세를 없애라고 협상하거나 협박할 때 영국의 해군이 힘을 보탰지. 정부와 기업이

힘을 합쳐 열심히 장사한 결과, 지구 사람 2명 중에 1명이 영국산 면직물로 만든 옷을 입게 되었으니 바야흐로 면의 시절이었고 영국의 시절이었어. 영국의 상선들은 면직물을 싣고 지중해를 가로질러 수에즈 운하를 통과한 다음 인도에 도착했어. 그야말로 세계를 누비며 화려한 영국의 시대를 연 거야.

⑤ 맨체스터에서 리버풀까지 기차를 타고 가는 면직물

영국산 면직물의 전성 시대가 끝을 모르고 펼쳐지던 시절, 생각지도 못한 곳에서 문제가 터지면서 긴급 사태가 발생했어. 공장에서 생산된 면직물이 옴짝달싹 못하는 문제가 생긴 거야.

맨체스터에서 만든 면직물은 리버풀 항구에 모인 다음 인도에 갔고 카리브 해의 영국 식민지로 갔어. 리버풀은 대서양을 앞바다로 둔 덕분에 면직물 수출 항구가 된 것이지. 맨체스터와 리버풀, 두 도시는 대략 48킬로미터 떨어져 있었는데 면직물을 수레에 가득 싣고 말이 달리면 서너 시간 안에 닿을 수 있는 거리였어. 공장에서 쏟아지는 면직물을 리버풀까지 운반하면 면직물을 팔아서 돈을 버는 건 시간문제인 상황이었는데 여기서 문제가 생겼어. 말이 지쳤거든. 수레에 실리는 면직물의 양이 점점 늘면서 말들이 쓰러진 거야. 그리하여 생산된 면직물이 항구로 가지 못하는 심각한 사태가 벌어지고 말았어.

면직물 공장주들은 이 문제를 어떻게 해결할 것인지 의논하다가 탄광에서 항구로 석탄을 실어 나르는 기차를 떠올렸대. 탄광 화부였던 조지 스티븐슨이라는 청년이 석탄을 실어 나르는 화차를 만들더니 증기기관의 힘으로 화차를 움직여서 항구로 보낸다는 소식에 영국이 들썩이는 시절이었거든. 증기기관차가 달리기 시작한 해는 1825년이었지. 맨체스터의 공장 주인들은 화부이자 발명가이자 기술자인 스티븐슨을 초청해서 면직물을 항구로 옮기는 방법을 의논했고 스티븐슨

맨체스터와 리버풀 사이를 달리던 증기기관차. 영국 맨체스터 과학산업박물관.

에게 모든 일을 맡겼어. 면직물을 항구로 옮기는 일이 당장 급하니까 많은 돈이 들더라도 꼭 기차를 만들고 싶다고 했어.

그리하여, 맨체스터와 리버풀 사이를 달릴 증기기관차와 철길 48킬로미터가 1829년에 만들어졌어. 증기기관의 힘만으로 화차와 객차를 끌면서 시속 58킬로미터의 속도를 내는 증기기관차가 완성된 거야. 마차보다 훨씬 빠르고 마차보다 힘이 세서 많은 물건을 싣고 달리는 이 기차에 사람들은 '로켓'이라는 이름을 붙였대.

증기기관차 로켓이 맨체스터와 리버풀 사이를 오가기 시작하자 맨체스터의 공장 주인들은 근심과 걱정을 훌훌 털어버렸대. 면직물이 리버풀에 도착하지 못할까 봐 전전긍긍하는 일은 이제 없었고, 공장에서 일할 사람들이 제때에 맨체스터로 오지 못하는 일도 이제 없었기 때문이지. 더구나 기차는 미국 남부와 인도에서 수확한 목화솜을 리버풀 항구에서 싣고 맨체스터로 왔기 때문에 솜이 없어서 기계를 돌리지 못하는 끔찍한 상황도 만들어지지 않았거든. 증기기관차는 공장 주인들에게 구세주와 같은 존재였어.

맨체스터의 노동자들에게도 기차는 고마운 존재였어. 중국에서 만든 차와 카리브 해에서 만든 설탕이 리버풀 항구에서 기차를 타고 맨체스터로 왔거든. 노동자들은 공장에서 번 돈의 10퍼센트 정도를 차와 설탕을 사는 데 썼대. 기계 앞에서 지친 몸을 추스리고 다시 일터로 돌아가기 위해 꼭 필요한 물건들이 로켓을 타고 온 셈이니까 노동자들에게도 기차는 참 고마운 존재였지.

⑥ 미국의 뉴올리언스에서 영국의 맨체스터로 온 목화솜

기차를 타고 맨체스터로 들어오는 물건 가운데 가장 중요한 건 목화솜이었어. 목화솜에서 뽑은 실을 기계에 꿰어야 씨실 날실을 엇갈려 직물을 짤 수 있으니까 목화솜은 면직물의 원료이자 전부였지. 그런데 영국에는 목화나무가 없었어. 물 반 땅 반인 습한 지역에서 목화가 자랐는데 영국에는 그런 땅도 없었을 뿐더러 목화를 기를 만한 너른 지역도 없었거든. 그리하여 면직물의 왕국은 목화솜을 100퍼센트 수입했는데, 영국의 리버풀 항구로 들어와서 기차를 타고 맨체스터로 가는 목화솜의 원산지는 대개 인도와 미국이었어.

인도는 기원전부터 면직물을 만들어 쓴 나라니까 이 땅에서는 오래전부터 목화가 자랐어. 영국산 면직물이 인도를 점령한 다음, 그러니까 인도를 식민지로 만들어가던 영국은 인도에서 목화밭을 점점 늘렸고 너른 땅에서 수확한 목화솜을 영국으로 가져갔지. 영국 땅 인도에서 영국 땅 리버풀로 가는 목화솜이었어.

미국에서도 목화나무가 자라고 있었는데 미국이 건국되기 훨씬 전부터 이 땅에 뿌리를 내린 나무들이었지. 아메리카 대륙의 원주민들은 목화솜에서 실을 뽑아 면직물을 만들고 옷을 지어 입었으니까 15세기 말에 이 땅을 방문한 유럽 사람들은 원주민에게 목화실 잣는 법과 면직물 짜는 법을 배웠다고 할 수 있어. 영국과 프랑스가 식민지로 차지

미국 남부의 목화 농장. 1897년 사진.

한 북아메리카에서 독립운동을 한 결과 미국이 세워졌잖아. 이 새로운 나라의 남동쪽에 목화밭이 넓게 만들어지고 있었어.

미시시피 강 하구는 습하고 질척거렸는데 이 땅에서 띄엄띄엄 목화가 자랐어. 그러다가 면직물이 쏟아지는 18세기에 이르자 발 빠른 사람들이 마음먹고 목화밭을 만들기 시작했지. 지평선 끝까지 하얀 목화꽃으로 뒤덮인 넓고 넓은 농장을 만든 거야. 미국 남부의 대규모 목화 재배는 이렇게 시작되었어. 비가 내리기 전에 거두어야 하고, 손으로 깍지를 벗겨 솜을 분리해야 하는 목화 농사에는 품이 많이 들었는데 월급을 주고 일을 시키면 남는 게 얼마 없잖아. 그래서 농장 주인들은 노예를 산 다음 새벽부터 저녁까지 일을 시켰대. 18~19세기 미국에서는 아프리카에서 납치해 온 사람을 노예로 파는 일이 유행처

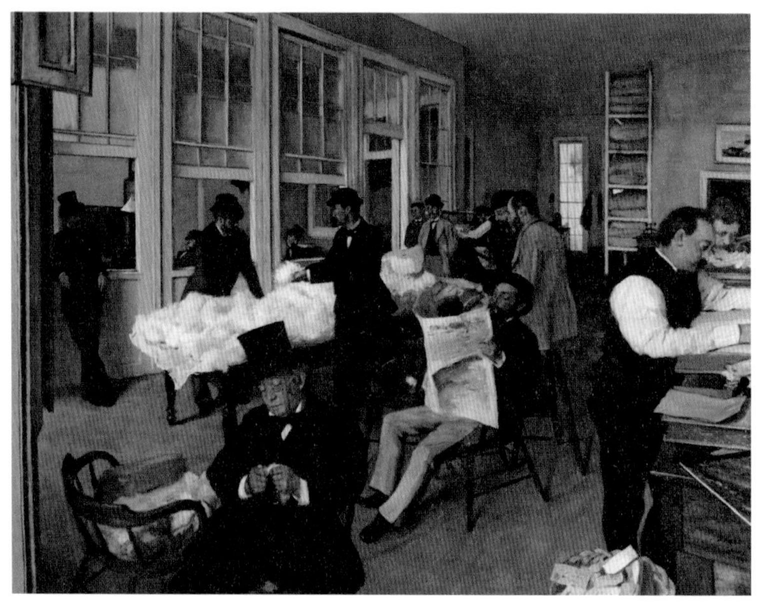

〈뉴올리언스의 목화 거래소〉. 프랑스의 화가 에드가 드가는 미국의 뉴올리언스를 방문한 1873년에 목화 거래소의 풍경을 그렸다.

럼 흔했거든. 우리도 이 일을 잘 알잖아. 《톰 아저씨의 오두막》에서 목화밭에서 일하다 쓰러진 톰 아저씨를 만났잖아. 《바람과 함께 사라지다》에서는 농장 주인집 큰딸인 스칼렛 오하라를 만났고.

어쨌거나 거두어들인 목화솜은 남김없이 팔렸대. 팔린 정도가 아니라 19세기 중반까지 미국 수출의 반 이상이 목화솜일 정도로 중요한 작물이어서 백색 황금이라고 불릴 정도였지. 수출되는 목화솜은 일단 미시시피강 하구에 있는 항구 도시 뉴올리언스에 모인 다음 배를 타고 대서양을 건너 영국의 리버풀 항구로 갔어. 미국에서 생산한

목화솜 가운데 70퍼센트 정도가 이렇게 수출되었대. 나머지는 미국에 있는 면직물 공장에 남김없이 팔렸으니까 목화솜은 생산하기 무섭게 팔리는 완판 상품이었던 거야. 완판의 비결은? 묻고 따질 것도 없이 면직물의 인기.

⑦ 지금 면직물이 가는 길

목화솜과 면직물의 솟구치는 인기가 역사를 가른 적도 있어. 미국이 치른 남북전쟁 있잖아, 남부와 북부가 충돌한 내전인데 이 전쟁에서 승패를 가른 건 목화솜이라고 할 수 있거든.

뉴올리언스 항구에서 수출되는 목화솜은 남부 사람들의 주머니를 두둑하게 만들었는데 전쟁이 한창이던 1864년에 북부군은 남부의 항구 뉴올리언스를 봉쇄했어. 항구가 봉쇄되면 물건이 들어오지도 못하고 나가지도 못해. 북부군은 항구를 봉쇄하면서 목화솜 판매를 막은 것이지. 그러니까 돈줄이 막혔고 남부는 결국 항복했어.

면직물의 인기는 20세기에 들어서도 잦아들지 않았는데 모두 전쟁 덕분이었어. 20세기 초반에 제1차 세계대전을 비롯한 크고 작은 전쟁이 지구 곳곳에서 벌어지면서 붕대와 군복으로 쓸 면직물의 수요가 폭발적으로 늘었거든. 참 씁쓸한 일이었지만 면직물의 입장에서는 꾸준한 전성기였지.

사람이 사용하는 직물 가운데 85퍼센트가 면직물인 시절은 20세기 중반에 끝이 나. 나일론과 폴리에스테르 같은 합성섬유가 면직물을 대신하게 되는데 기술과 산업의 발달이 가져온 결과니까 어쩔 수 없어. 유럽에서 모직물이 차지하던 자리를 산업혁명의 아이콘인 면직물이 대신한 것과 비슷한 일이 일어났다고 보면 되는 거야.

시절이 변했어도 면직물이 굳건하게 자리를 지키는 영역이 많아. 아이들 옷과 속옷이 그렇고 누구나 입는 청바지가 면직물이니까 여전히 쓸모 많고 경제적인 천이 면직물인 건 확실하지. 참, 청바지의 그 청색이 인디고인 거 알지? 유럽을 홀린 인도 옥양목의 인디고 빛깔이 청바지 속으로 들어간 것이지. 1850년에 미국의 샌프란시스코에서 처음 선보인 청바지는 인디고 염색한 맨체스터의 면직물로 만든 옷이었대.

맨체스터 면직물에 인디고 물을 들인 것이 청바지의 시작이었다.

지금 청바지가 국경과 민족을 넘고 남녀와 노소를 가리지 않는 것처럼 면직물이 오가는 길은 대륙과 대양을 연결하며 사방팔방으로 뻗어 있는데 굵직한 길은 이래.

미국과 인도의 방직 공장에서 만든 면직물이 배를 타고 중국에 가서 다양한 면제

품으로 변신한 다음 지구 곳곳으로 팔려나가는 식이야. 미국과 인도가 책정한 면직물 가격이 섬유업계와 의류업계에 파장을 미칠 정도로 두 나라는 지금 면직물 강국이지.

기계 돌아가는 소리 요란했던 면직물의 왕국 맨체스터는 이제 조용해. 지구인의 눈이 쏠리는 축구 경기가 열리는 날에는 도시가 들썩이지만, 영국에서 세 번째로 큰 도시라는 자부심이 배어 있는 차분하고 품격 있는 도시지. 지금 맨체스터에 가면 박물관으로 쓰이는 방직 공장 두어 곳을 볼 수 있어. 산업혁명과 면직물의 화려한 시절을 소박하게 상상할 수 있는 역사 유적지가 맨체스터에 있는 거야.

그리고 지금은 맨체스터로 가기 위해 리버풀 항구를 거칠 필요는 없어. 여전히 기차는 달리지만 두 도시의 공생 관계는 1893년에 이미 끝났거든. 면직물 유통 비용을 줄이고 싶었던 맨체스터의 공장 주인들이 맨체스터에서 대서양으로 바로 나가는 뱃길을 생각하다가 이스트햄과 맨체스터를 잇는 운하를 만들었어. 이때부터 커다란 상선이 맨체스터까지 들어와서 면직물을 실었고 목화솜을 내렸지. 그리하여 리버풀은 한산한 항구가 되었고 경제적으로 내리막길을 걸었는데, 리버풀 사람들은 모든 불행이 맨체스터 때문이라고 생각했대. 두 도시 사이에 패인 감정의 골은 축구 경기로 이어져서 리버풀과 맨체스터의 프로축구 경기가 열리는 날이면 지금도 두 도시는 크게 출렁인다지.

아픈 역사라면 영국과 인도의 관계를 빼놓을 수 없어. 영국은 인도를 100년 동안 식민지로 삼아 인도인의 삶과 생활 모두를 무너뜨렸거든. 인도 사람들은 영국 상품 불매 운동 등을 벌이며 독립운동을 했는데 여기서도 면직물이 주인공이었지. 인도 독립의 아버지이며 세계인의 정신적 지도자라고 불리는 간디 알지? 간디가 옥양목 한 장을 걸치고 물레를 돌렸잖아. 간디의 물레는, 면직물을 비롯한 모든 물건을 생산했던 풍요로운 시절로 돌아가자는 외침이었고 영국산 면직물을

면직물과 목화솜이 오가던 맨체스터십 운하. 1900년 무렵 사진.

반대한다는 선언이었지.

인도는 1947년에 영국의 식민 지배에서 벗어났는데 두 나라 사이는 지금 참 좋아. 서로에게 투자하는 경제 파트너이자 서로의 문화를 존중하는 친구가 되고 있지. 산업혁명을 시작해서 세계를 이끌었던 영국의 화려한 근대는 찬란한 인도의 면직물 덕분이었으니까 서로 영향을 주고받는 공생 관계가 300년 넘게 이어지고 있는 셈이야.

9
우주로
가는 길

밤하늘은 많은
이야기를 쏟아 내. 은빛으로
빛나는 하늘 강의 양 끝에는 만나지 못하는 연인
견우와 직녀가 산다는 이야기, 아기 헤라클레스가 먹던
엄마 헤라의 젖이 뿜어져 하얀 하늘 길이 만들어졌다는
이야기……. 밤하늘에 있는 엄청나게 큰 세상을
올려다보면서 사람들은 우주를 상상했고 꿈을 꾸었어.
그러다가 우주에 가기로 했지.

이번에는 우주로 가는 길. 방법은 두 가지야. 로켓으로 밀어 올린 우주선을 타고 가는 방법이 하나이고 상상으로 가는 방법이 또 하나. 광활하다는 말로도 부족한 드넓은 우주에서 인간이 발을 디딘 행성은 지구와 달 두 곳이니까 아직 초라한 걸음이야. 1950년대에 사람이 지구를 처음 벗어났으니까 참 짧은 역사이기도 하고. 지금까지는 상상으로 우주의 시공간을 휘저으며 탐사하는 일이 훨씬 많아.

우주 폭발로 생긴 잔해들이 뭉쳐 만들어진 별이 지구라잖아. 그런 지구에 오묘하고 복잡한 생명체인 우리가 살고 있고. 그래서 말인데, 우주에 가면 사람과 지구가 훤히 보일지도 모르겠어. 그럼, 안전띠 단단히 매고 익숙한 지구를 벗어나 보자고.

미국 나사(NASA)에서 지구 궤도에 건설하려고 했으나
실패로 돌아간 프리덤 우주정거장 상상도.

❶ 지구로 날아간 로켓

베르너 폰 브라운은 우주에 꼭 가고 싶은 독일 청년이었어. 그는 열여덟 살이던 1930년에 우주여행협회에 가입했는데 이때부터 우주로 가는 방법을 구체적으로 생각하기 시작했대. 그를 비롯한 이 단체의 회원들은 머리를 모아 지구 탈출 방법을 연구했는데, 그게 쉽지 않았어. 그 시절에는 우주에 가 본 사람이 아무도 없어서 누구도 지구를 벗어나는 방법을 몰랐거든.

우주여행협회 사람들은 지구를 벗어날 유일한 방법은 로켓이라고 생각했대. 배기가스를 내뿜으며 빠르게 솟구쳐 올라 하늘을 나는 비행 물체 로켓. 로켓이 사람을 우주로 데려다 줄 거라고 생각한 이들은 로켓에 대해 연구하고 진짜 로켓을 만들면서 대부분의 시간을 보냈어. 이들은 지구 밖으로 날아갈 로켓을 만들어 우주로 갈 예정이었지.

그런데 그때는 수상한 시절이었거든. 나치스 당수 히틀러가 이끄는 독일 정부가 전쟁을 준비하던 때였지. 정부는 어느 날 갑자기 우주여행협회를 해체하더니 로켓을 만들던 젊은 과학자와 기술자들을 육군 병기국으로 데려갔어. 병기국에 로켓 연구소를 만들었으니 여기서 진짜 로켓을 만들라고 한 거야. 우주로 날아가는 로켓 말고 적진을 향해 날아가는 로켓을 만들라는 명령이었어. 그리하여 폰 브라운과 친구들은 엉겁결에 군인이 되었고 난데없이 로켓 무기 제작자가 되었어.

독일 출신 로켓 과학자 베르너 폰 브라운.

폰 브라운이 오랜 연구와 실험을 거쳐 엄청난 위력을 가진 로켓을 완성한 것은 나치스 독일이 유럽을 휩쓸던 1944년이었어. 독일의 페네뮌데에서 런던으로 탄두를 날려 도시 구석구석까지 휘저은 이 로켓의 이름은 V-2. 자체 추진 연료로 목표 지점까지 포물선을 그리며 탄두를 날리는 로켓이었지. 어디서 출발했는지 알 수 없고 시속 5,760킬로미터라는 엄청난 속도여서 대피할 수도 없는 탄두 장착 로켓 V-2는, 말 그대로 위력적인 무기였고 등장하자마자 세계 최고의 무기가 되었어. 우주로 날아가는 로켓을 만드는 기술과 사람을 향해 날아가는 로켓 제조 기술은 한끝 차이였지만 날아간 결과는 하늘과 땅만큼 멀었던 거야.

과학자이자 로켓 무기 제작자인 그는 대서양을 건너 미국으로 날아갈 더 강력한 로켓을 만들기 위해 고심하고 있었는데 어느 날 갑자기, 그러니까 나치스 독일이 연합군에 항복하기 몇 달 전에 미국에 망명했어. 베르너 폰 브라운을 비롯한 독일의 로켓 과학자와 기술자 120여 명이 몽땅 미국 시민이 된 것이지. 미국은 최고급 인력을 스카우트라도 한 것처럼 망명자들을 지원하면서 이들을 위한 일터를 만들었는데 그게 '대륙간 탄도 미사일 연구기지'였어. 그리하여 베르너 폰 브라운은 열여덟 살부터 해온 로켓 만드는 일을 미국에서 이어가게 되었지.

그런데 말이야, 제2차 세계대전이 끝난 다음에 독일과 일본과 이탈리아의 정치인과 군인을 비롯한 전쟁 가담자는 재판을 받고 처벌을 받았잖아. 인류를 학살한 책임을 물은 것이지. 폰 브라운 같은 로켓 전문가들은 독일군 소속으로 학살 무기를 만들었으니까 전쟁 범죄가 분명했지만 아무런 일도 겪지 않았어. 로켓 전문가들은 예외적인 존재가 되어 특별한 배려를 받은 거야.

❷ 지구를 탈출한 로켓

지구의 1950년대를 대표할 수 있는 말은 우주 전쟁이야. 세계 전쟁 후에 복구와 회복의 시간이 이어질 때 우주로 가려고 경쟁하기 시작했기든.

세계대전을 치르기 위해서 만든 로켓이 많았는데 전쟁이 생각보다 일찍 끝나는 바람에 로켓이 좀 남았대. 전쟁에서 이긴 미국과 소련은 남은 로켓을 지구 밖으로 날려 보내면서 자신의 능력과 비전을 과시하기 시작했는데, 미국은 미항공우주국을 만들어서 우주 계획을 진행했지. 나사(NASA)라고 불리는 이 기관에 마셜우주비행센터가 있었고 폰 브라운이 여기 책임자였어.

미국과 소련은 먼저 우주에 도착하기 위해 서로를 견제하며 연구에 박차를 가했는데 지구를 탈출한 첫 번째 로켓은 소련의 스푸트니크였

세계 최초의 인공위성 스푸트니크 1호의 모형.

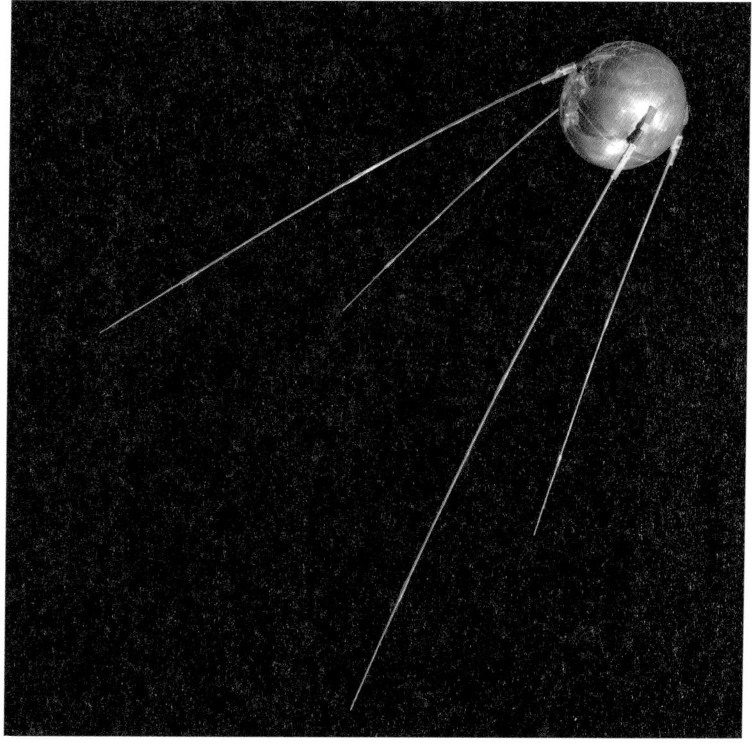

어. 이 로켓이 1957년에 인공위성인 스푸트니크 1호를 지구 궤도에 올려놓은 거야. 스푸트니크는 러시아 말로 여행의 길동무라는 뜻이래.

미국은 1년 늦게 지구를 벗어났어. 폰 브라운이 만든 로켓 주피터-C가 1958년에 인공위성인 익스플로러 1호를 지구 궤도에 올려놓으면서 지구를 벗어난 두 번째 로켓이 되었어. 오랫동안 우주로 가는 꿈을 꾸었던 폰 브라운이 드디어 꿈을 이룬 순간이었지. 주피터-C는 세계대전 때 독일군의 파괴력을 이끌었던 로켓 V-2의 변형이었대.

❸ 지구 밖으로 가는 길, 달

로켓이 지구 밖으로 날아가면서 사람이 우주로 나가는 일은 이제 이룰 수 있는 꿈이 되었어. 사람들은 우주로 가는 방법을 아주 구체적으로 생각하면서 지구와 가장 가까운 천체인 달을 보기 시작했지.

그런데 달에 가는 이야기 때문에 마녀사냥을 당했던 시절이 있었어. 1611년에 《솜니움》이라는 책이 세상에 나왔는데, 책의 제목 솜니움은 '꿈'이라는 뜻을 가진 라틴어였고 굳이 분류하자면 이 책은 공상과학 소설이야. 《솜니움》의 작가는 수학 선생님이자 천문학자이며 점성술사인 요하네스 케플러.

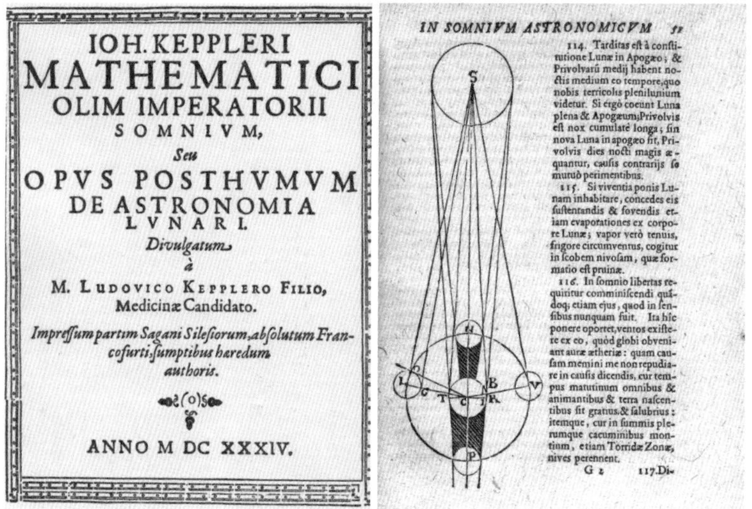

IOH. KEPPLERI
MATHEMATICI
OLIM IMPERATORII
SOMNIVM,
Seu
OPVS POSTHVMVM
DE ASTRONOMIA
LVNARI.
Divulgatum
à
M. LUDOVICO KEPPLERO FILIO,
Medicinæ Candidato.
Impreſſum partim Sagani Sileſiorum, abſolutum Francofurti, ſumptibus hæredum authoris.

ANNO M DC XXXIV.

IN SOMNIVM ASTRONOMICVM 51

114. Tarditas eſt à conſtitutione Lunæ in Apogæo; & Privolvarũ medij habent noctis medium eo tempore, quo nobis terricolis plenilunium videtur. Si ergò coeunt Luna plena & Apogæum; Privolvis eſt nox cumulatè longa; ſin nova Luna in apogæo fit, Privolvis dies nocti magis æquantur, cauſis contrarijs ſe mutuò perimentibus.

115. Si viventia ponis Lunam inhabitare, concedes eis ſuſtentandis & fovendis etiam evaporationes ex corpore Lunæ; vapor verò tenuis, frigore circumventus, cogitur in ſcobem nivoſam, quæ formatio eſt pruinæ.

116. In ſomnio libertas requiritur comminiſcendi quãdoq; etiam ejus, quod in ſenſibus nunquam fuit. Ita hîc ponere oportet, ventos exiſtere ex eo, quòd globi obveniant auræ ætheriæ: quam cauſam memini me non repudiare in cauſis dicendis, cur tempus matutinum omnibus & animantibus & terra naſcentibus ſit gratius & ſalubrius: itemque, cur in ſummis plerumque cacuminibus montium, etiam Torridæ Zonæ, nives perennent.

G 2 117. Di-

케플러가 쓴 우주 이야기책 《솜니움》 표지와 본문 일부.

솜니움의 주인공은 초자연적인 힘에 이끌려 우주여행을 하다가 달에 도착한 다음 빙글빙글 도는 지구를 바라보는데, 이 대목이 문제였어. 지구가 스스로 돌면서 태양 주위를 도는 건 이 시절에 터무니없는 생각이었거든. 그래서 《솜니움》이 발표된 다음, 케플러의 어머니는 마녀로 몰려 재판을 받기도 했대. 소설 속에서 주인공의 어머니는 악마와 어울리다가 우주여행의 의미를 알게 되는 인물로 등장하는데 사람들은 이야기를 현실과 연결 지어 케플러의 어머니를 마녀로 몰아세운 것이지.

지구가 돈다는 걸 학교에 다니기도 전에 알았던 우리니까 코미디 같

1969년 달에 착륙한 아폴로 11호와
우주 비행사 버즈 올드린.

은 시절로 보이겠지만 이때는, 우주의 중심은 지구가 아니라 태양이라고 주장했던 코페르니쿠스의 책이 금서였던 때야. 지구가 돈다고 생각했던 갈릴레이가 법정에 섰던 때이고. 지구 탈출과 우주여행은 꾸며 낸 이야기일 뿐이라고 여겼던 이 시절에서 300년이 지난 다음, 사람이 정말로 우주에 갔지.

소련의 공군 조종사인 유리 가가린은 1961년에 우주선 보스토크 1호를 타고 지구 밖으로 날아갔어. 그는 1시간 48분 동안 지구를 한 바퀴 돌면서 지구를 바라본 최초의 지구인이 되었고, 나중에 "지구는 푸른 빛이었다."는 유명한 말을 남겼지.

우주선이 지구 밖으로 나가는 일이 현실이 되자 인간의 다음 행선지는 달이었어. 지구 질량이 만든 움푹한 공간을 돌고 있는 지구의 위성이자 지구와 가장 가까운 천체가 달이니까 사람들은 달에 갈 마음을 품은 거야. 사실, 사람이 타지 않은 소련의 우주선 루나 2호가 1959년에 달에 도착했기 때문에 사람이 달에 가는 건 시간문제 같았지만 그렇게 간단한 일도 아니었지.

소련과 경쟁하면서 마음이 급해진 미국의 대통령 케네디는 1970년까지 인간을 달에 보내겠다는 '아폴로 계획'을 발표하면서 아폴로 계획의 책임자를 소개했는데, 이번에도 로켓 과학자 베르너 폰 브라운이었어. 케네디가 약속한 해를 딱 1년 앞에 둔 1969년 7월 16일, 미국의 케네디 우주센터에서 우주선 아폴로 11호가 출발했어. 강력한 로켓 새턴 5호가 40만 킬로미터를 여행할 수 있도록 우주선을 밀어 올렸지. 세 명의 우주 비행사를 태우고 지구를 떠난 아폴로 11호는 나흘 동안 우주를 비행한 끝에 드디어 달에 도착했어. 지구인이 지구 말고 다른 행성에 처음으로 발을 딛는 역사의 순간이었지.

④ 생각으로 우주를 여행한 아인슈타인

사람이 지구를 벗어나기 훨씬 전부터 과학자들은 지구 밖으로 나가기 시작했어. 생각으로 우주여행을 한 것인데, 지구는 어떻게 태양 둘레를 돌게 되었고 달은 무엇 때문에 지구 주변을 벗어나지 못하는지, 우주 공간을 가득 채우고 있는 물질과 사람을 이루는 물질은 어떤 관련이 있는지…… 생각하고 연구하면서 아침저녁으로 우주에 다녀온 거야. 아인슈타인도 생각으로 우주를 여행하는 이론물리학자 가운데 한 사람이었어.

아인슈타인은 공간이 휘어져 있다고 생각했대.

물질이 주변의 공간을 휘게 만든다고 생각한 것인데 말하자면 이런 식이야. 지구라는 물질이 들어서 있는 우주 공간은 움푹 파인다는 거야. 움푹 파인 공간을 따라서 달이 지구 둘레를 돈다는 말이지. 푹신한 침대에 놓인 볼링공을 떠올리면 쉬워. 볼링공 주변이

동그랗게 파이잖아. 여기에 작은 골프공을 놓으면 볼링공 주변을 빙글빙글 도는데 지구와 달의 관계가 이렇다는 거야. 아인슈타인은 태양과 지구의 관계도 마찬가지라고 생각했어. 엄청난 질량을 가진 태양이 우주 공간을 휘게 만들었고 지구는 태양이 만든 휜 공간을 돌고 있다고 주장한 것이지.

이론물리학자 아인슈타인.

아인슈타인은 또, 시간은 홀로 존재할 수 없을 뿐더러 절대적인 것도 아니라고 생각했어. 휘어진 공간에 따라 상대적으로 달라지는 시간이 만들어진다고 생각한 것이지. 예를 들면, 질량이 큰 존재가 휘어 놓은 공간에서는 시간이 천천히 흐른다는 거야. 예를 들면, 멈추어 있는 사람이 움직이는 사람을 보면 움직이는 사람의 시간은 느리게 가는 것처럼 보인다는 거야. 아인슈타인은 휘어진 공간과 이것이 만들어내는 상대적인 시간을 시공간이라는 말로 불렀어. '일반상대성이론'이라고 불리는 아인슈타인의 생각이었지.

이론물리학자인 그가 생각만으로 우주와 별들의 세계를 여행한 다음 많은 과학자들이 그의 생각을 확인하기 위해 우주와 별들을 바라

아인슈타인의 가설을 증명한 아서 에딩턴.

보며 연구하고 실험하였는데, 아서 에딩턴이라는 영국의 천체물리학자도 그 가운데 한 사람이었어.

에딩턴은 달이 태양을 가리는 일식이 일어날 때 별빛이 어떻게 보이는지 관찰하여 아인슈타인의 생각이 옳은지 그른지 증명하려고 했어. 아인슈타인이 생각한 대로 태양 둘레가 깊게 파인 휜 공간이라면 태양 뒤에서 반짝이는 별빛은 휜 공간에서 굽어져 지구로 빛을 보낼 것이었어. 만약 태양 둘레가 평평한 공간이라면 별빛은 태양과 달에 가려져 보이지 않을 것이었고. 1919년 일식 날, 에딩턴은 무엇을 보았을까? 에딩턴은 휜 공간을 따라 지구에 온 별빛을 보았어. 아인슈타인의 생각이 옳았던 거야.

아인슈타인의 가설은 지금도 실험과 관찰로 확인되고 있어. 생각으로 우주를 여행하고 지구를 탐사한 아인슈타인과 과학자들 덕분에 우리는 작은 전자부터 행성까지, 그러니까 우주 안의 모든 것이 같은 원리로 움직인다는 사실을 아주 조금 알게 되었어. 참 부지런하게 우주를 다녀온 아인슈타인은 이런 말을 했다지. "세상에서 가장 이해할 수 없는 수수께끼는 세상이 이해 가능하다는 것이다.”

⑤ 우주 여행자 보이저호

지구와 우주를 알기 위해서 우주로 간 여행자들이 있어. 1977년에 미국 플로리다에 있는 우주센터를 떠났으니까 보이저 1호와 2호의 여행은 벌써 40년이야. 이들은 태양계 끄트머리에 있는 해왕성까지 탐사할 목적을 가지고 지구를 떠났는데, 목성과 토성을 살피고 천왕성과 해왕성까지 날아가 탐사하는 데만도 10년이 더 걸릴 터였으니 계획한 일정을 마치는 걸 장담할 수 없는 출발이었어. 어떤 사람도, 아니 어떤 우주선도 가 보지 않은 우주 공간을 비행하는 일이었으니 두 여행자가 행성들 사이를 여행하기에 알맞게 만들어졌는지도 장담할 수 없는 일이었지.

하루에 160만 킬로미터를 날아간 보이저 우주선은 지구를 떠난 지 200여 일이 지나고부터 화성 궤도를 비행했어. 지구를 떠난 지 2년이 되는 1979년 7월에는 목성 부근에 도착하여 목성을 탐사한 다음 2년을 더 날아가서 토성을 둘러봤지. 토성에서 5년을 더 날아가 천왕성에 이르렀으며 천왕성에서 3년을 더 간 다음에 해왕성을 탐사했어. 해왕

보이저 2호 발사 장면(왼쪽)과 보이저 2호가 촬영한 토성(오른쪽).

성은 태양에서 45억 킬로미터 떨어져 있었고 태양계의 마지막 행성이니까 두 여행자는 지구를 떠난 지 12년 만에 태양계를 모두 둘러보는 엄청난 여행을 마친 거야.

아주 가끔, 그러니까 몇 년에 한 번 보이저호가 뉴스에 등장하는데, 본 적이 있을 거야. 우주 어디쯤에서 지구에 전파를 보낸 것 같다는 소식이지. 태양계 탐사를 마치고도 수명이 남은 보이저 1호와 2호는 지금 태양계 끝을 향해 날고 있거든. 이 우주 여행자들은 지구인이 아는 유일한 항성인 태양의 영향권을 벗어나는 중이래. 정확하게 이야기하면, 지구에서 180억 킬로미터 떨어져 있는 태양권덮개를 시속

6만 킬로미터의 속도로 통과하는 중.

태양권덮개의 끄트머리에는 자기장 고속도로라고 불리는 우주 공간이 있는데 보이저 1호가 여기에 진입하여 신호를 보낸 건 2004년 12월이었고, 2012년에도 여전히 이곳에 있다는 신호를 보냈대. 정말 어마어마하게 크고 넓은 고속도로지? 그런데, 그런데 말이야, 우주 여행자들이 이 공간을 통과하는 데 몇 년이 걸릴지, 태양계를 빠져나간 여행자들은 항성과 항성 사이를 연결하는 통로인 인터스텔라를 지나 무겁고 밝고 둥근 다른 항성을 만날 수 있을지, 이 여행자들이 다른 항성을 만날 때까지 비행할 수 있을지…… 모든 것을 알 수 없대. 보이저 1호와 지구의 교신은 2020년 즈음에 끊기거든.

⑥ 우주에서 온 사람, 우주로 가는 사람

우리가 보는 은하수에는 별이 천억 개쯤 있고 태양은 천억 개 가운데 하나의 별이야. 밤하늘에 길게 드리운 은하수의 지름은 10만 광년이라는데 이게 얼마만 한 크기일까? 보이저호가 꼼꼼하게 살핀 태양계와 크기를 견주어 보면, 태양계의 크기는 12광 시간이래. 빛의 속도로 12시간이면 태양계 끝에서 끝까지 여행할 수 있다는 말이지.

자, 그러니까 은하수의 크기 10만 광년은 어느 정도일까?

솔직하게 말하면, 그 규모를 상상하기 힘들어. 은하수 이쪽 끝과 저쪽 끝에 떨어져 산다는 연인 직녀와 견우는 빛보다 빠른 속도로 은하수를 건널 수 있는 울트라 초능력자가 아닐까, 은하수에 혹시 시간 터널이 있는 건 아닐까, 엉뚱한 상상만 할 뿐이야. 은하수만 생각해도 계산이 불가능한데, 우주에는 이만한 은하수가 천억 개 정도 있대.

엄청나고 굉장하지. 그런데, 이런 어마어마한 우주가 아주 짧은 시간에 아주 간단한 폭발로 생겨났다는 거야. 때는 120억 년 전이고 단독 주인공은 무한히 작고 무한히 뜨거운 에너지 씨앗이라지. 쌀 한 톨 크기였을 이 씨앗이 어느 순간 폭발했고 우주가 갑자기 팽창했대. 1초나

은하계의 별무리를 관찰하는 데 쓰는 허블우주망원경.

되었을까, 아주 짧은 순간에 엄청난 폭발이 있었고 폭발과 동시에 소용돌이치는 뜨거운 입자들이 공간을 채웠대. 우주 공간을 채운 입자들이 어지럽게 떠다니며 부딪치고 팽창하면서 보낸 시간이 30만 년. 뜨거운 것들이 식으면서 물질이 한데 엉겨 굳기 시작했고 차가워진 우주는 투명해졌다지. 그리고 빛이 나오기 시작했대.

과학자들은 우주 탄생 동영상을 보기라도 한 것처럼 우주가 대폭발로 생겨나는 모습을 묘사하는데, 모두 증거가 있기 때문이래. 빅뱅이라고 부르는 우주 대폭발의 흔적을 지금도 확인할 수 있기 때문에 자신 있게 우주 탄생의 순간을 이야기하는 것이지. 이게 증거야. 120억 년 전에 폭발과 함께 뿜어져 나온 밀도 높은 빛이 순식간에 우주로 퍼졌는데 그 빛의 파장이 지금도 우주를 메우고 있다는 것. 텔레비전 채널을 돌릴 때 보이는 비가 내리는 것 같은 화면과 지지직거리는 소리가 바로 그 파장이래.

대폭발 사건으로 생겨난 우주에서는 중력이 수소와 헬륨 가스를 끌어당겨 무거운 구와 소용돌이를 만들면서 별과 은하를 만들었어. 이렇게 만들어진 별들은 죽어 가면서 우주에 탄소·규소·산소·철을 뿌렸는데, 그러니까 우주 먼지를 잔뜩 만들었는데, 이게 똘똘 뭉쳐서 태양과 지구가 생겨났대. 지금으로부터 45억 년 전의 일이지.

분명한 것은 여기까지. 지구에 어떻게 물이 만들어지고 어떻게 생명체가 만들어졌는지, 더구나 20만 년 전쯤에 등장한 사람은 어떻게 생겨났는지 아직 몰라. 우리 몸의 70퍼센트가 물이니까 사람은 우주

허블우주망원경으로 관찰한 나선은하 M64.

대폭발 때 생겨난 물질인 수소로 이루어졌다는 것, 그러니까 지구 생명체인 사람의 뿌리를 찾아가면 120억 년 전의 빅뱅을 만나게 된다는 사실만 분명하지.

그래서인지, 오늘도 과학자들은 우주를 가득 채우고 있는 암흑 물질과 각종 파장의 정체를 알아내기 위해 우주로 가지. 지구와 사람을 만든 우주를 알면 복잡하고 미묘한 사람을 알 것도 같아서 하루에도 몇 번씩 생각으로 우주를 다녀오는 거야. 그리고 자꾸 우주를 살피면서 지구 닮은 별을 찾거나 우주에서 일어나는 움직임을 주시하고 있어. 사람이 시작된 곳에서 시간과 공간과 생명의 비밀을 찾고 싶어서겠지? 또 이런 이유일지도 몰라. 7만 년 전의 호모 사피엔스가 길을 나선 덕분에 지구 곳곳에 적응하고 살아남은 것처럼, 살아남고 싶어서 자꾸 우주로 가는지도 말이야.

사진 제공

페이지, 사진 내용, 저작권 소유자 순

18 카르멜 산 © shalomholytours
18 스쿨 동굴 머리뼈 복원품 © Bone Clones, Inc.
21 니아 동굴 © Starlightchild
23 뭉고 호수 유적 © Science in Public, Pty. Ltd.
30 몬테베르데 수렵도 © Marisa Polenta
43 하투샤 히타이트 부조 © Klaus Peter Simon
48 이라크 우르 지구라트 © Hardnfast
60 시리아 난민캠프 © The Civil Society Knowledge Centre
116 카라코룸 하이웨이 © 박종찬
123 부르칸 칼둔 © Don Croner
123 오논 강 © Chinneeb
135 캅카스 산맥 © Petrusbarbygere
143 동방견문록 © Anna LittleMax Massimino
152 십자군 복장 © Tore Kjeilen
157 에티오피아 카파의 커피 재배 © Maja Wallengren
169 아크레 항구 © israeltourism
173 가자 지구 © Oxfam International
195 포토시 © ianandsandie.wordpress.com
207 인도의 목화 재배 © fact file
215 면직물 공장의 어린이 노동자 © fact file
218 인도 면직 수공업 © peopleofindia1868-1875photos.blogspot.com
220 맨체스터 과학산업박물관 © Paul Hermans
233 프리덤 우주정거장 © NASA
235 베르너 폰 브라운 © NASA
237 스푸트니크 모형 © pics-about-space.com
240 아폴로11호 착륙 © NASA
246 보이저 2호 발사 © NASA
246 토성 © NASA
248 허블우주망원경 © NASA
250 M64 © NASA

유물, 회화, 고문서 소장처

페이지, 도판 내용, 소장처 순

21 니아 동굴 머리뼈, 미국 스미소니언자연사박물관
41 히타이트 점토판, 터키 이스탄불고고학박물관
46 히타이트 수레 부조, 독일 페르가몬박물관
57 평화조약문 점토판, 터키 이스탄불고고학박물관
71 〈빌라도 앞에 선 예수〉, 헝가리 데리박물관
71 〈골고다〉, 헝가리 데리박물관
103 파르티아인 청동상, 이란국립박물관
106 세네카 조각상, 에스파냐 프라도미술관
108 로마 유리병, 프랑스 생레미박물관
109 전투 부조, 오스트리아 에페소스박물관
112 당삼채 낙타와 서역 사람, 국립중앙박물관
127 칭기즈칸 초상, 타이완국립박물관
129 몽골 기마병 그림, 독일 베를린국립도서관
143 카탈루냐 지도책, 프랑스국립도서관
155 〈1099년 7월 15일 십자군의 예루살렘 탈환〉, 프랑스 베르사유궁전
161 〈십자군의 콘스탄티노플 함락〉, 프랑스 루브르박물관
180 제노바 세계지도, 미국의회도서관
188 바스코 다 가마 초상, 포르투갈 리스본국립고대미술관
189 인도양 지도, 프랑스국립도서관
196 버지니아 플로리다 지도, 미국 뉴욕공립도서관
200 〈노예 무역선〉, 미국 보스턴미술관
212 맨체스터 면직 공장, 맨체스터도서관
224 〈뉴올리언스 목화 거래소〉, 프랑스 포미술관

참고문헌

《제목》, 지은이(옮긴이), 출판사, 발행연도 순

《인류의 위대한 여행》, 앨리츠 로버츠(진주현), 책과함께, 2011

《고대 문명 교류사》, 정수일, 사계절, 2001

《크로마뇽》, 브라이언 M. 페이건(김수민), 더숲, 2012

《히타이트, 점토판 속으로 사라졌던 인류의 역사》, 이희철, 리수, 2004

《람세스 2세》, 베르나데트 므뉘(변지현), 시공사, 1999

《역사를 뒤흔든 대이동 7가지》, 베이징대륙교문화미디어(양성희), 현암사, 2010

《유럽의 탄생》, 장 바티스트 뒤로젤(이규현·이용재), 지식의풍경, 2003

《로마제국 쇠망사》, 에드워드 기번(이종인), 책과함께, 2012

《비잔티움 연대기 1》, 존 줄리어스 노리치(남경태), 바다출판사, 2007

《종횡무진 서양사 1》, 남경태, 휴머니스트, 2015

《실크로드학》, 정수일, 창비, 2001

《유라시아 유목제국사》, 르네 그루세(김호동), 사계절, 1998

《교양인을 위한 중앙아시아사》, 호리카와 도오루 외(현승수), 책과함께, 2009

《부족지》, 라시드 앗 딘(김호동), 사계절, 2002

《몽골제국과 세계사의 탄생》, 김호동, 돌베개, 2010

《몽골제국 기행》, 플라노 드 카르피니·윌리엄 루브룩(김호동), 까치, 2015

《십자군전쟁 그것은 신의 뜻이었다!》, W. B. 바틀릿(서미석), 한길사, 2004

《십자가 초승달 동맹》, 이언 아몬드(최파일), 미지북스, 2010

《커피의 역사》, 하인리히 에두아르트 야콥(박은영), 우물이있는집, 2005

《서구 문명은 동양에서 시작되었다》, 존 M. 홉슨(정경옥), 에코리브르, 2005

《처음 읽는 아프리카의 역사》, 루츠 판 다이크(안인희), 웅진지식하우스, 2005

《설탕의 세계사》, 가와기타 미노루(장미화), 좋은책만들기, 2003

《목화의 역사》, 자크 앙크틸(최내경), 가람기획, 2007

《무굴제국》, 발레리 베린스탱(변지현), 시공사, 1998

《영국 제국의 초상》, 이영석, 푸른역사, 2009

《칼 맑스 프리드리히 엥겔스 저작 선집 2》, 칼 맑스·프리드리히 엥겔스(박종철출판사 편집부), 박종철출판사, 1997

《프리먼 다이슨, 20세기를 말하다》, 프리먼 다이슨(김희봉), 사이언스북스, 2009

《거의 모든 것의 역사》, 빌 브라이슨(이덕환), 까치, 2003

《아인슈타인 삶과 우주》, 월터 아이작슨(이덕환), 까치, 2007

길 위의 세계사

호모 사피엔스에서 우주인까지, 길 떠난 인류의 역사

초판 1쇄 발행 2017년 4월 6일 | **5쇄 발행** 2024년 11월 11일
지은이 조성은 | **그린이** 장선환

펴낸이 이상훈 | **편집** 한겨레아이들 | **디자인** 김리영
마케팅 김한성 조재성 박신영 김효진 김애린 오민정

펴낸곳 (주)한겨레엔 www.hanibook.co.kr | **주소** 서울시 마포구 창전로 70(신수동) 5층
전화 02-6383-1602~3 | **팩스**02-6383-1610
출판등록 2006년 1월 4일 제313-2006-00003호

ISBN 979-11-7213-155-5 43900

• 이 책은 한국출판문화산업진흥원의 출판콘텐츠 창작지금을 지원받아 제작되었습니다.
• 값은 뒤표지에 있습니다.